애니메이션으로 떠나는 **철학여행**

애니메이션으로 떠나는 철학여행
일본 애니에서 찾아낸 동양철학 이야기

지 은 이   김치완

초판 1쇄 발행   2011년 9월 1일
초판 3쇄 발행   2013년 6월 20일

펴 낸 곳   인문산책
펴 낸 이   허경희

주   소   서울시 은평구 갈현로 4길 5-26, 501호
전화번호   02-383-9790
팩스번호   02-383-9791
전자우편   inmunwalk@naver.com
출판등록   2009년 9월 1일

ⓒ 김치완, 2011

ISBN 978-89-963411-7-8   03150

이 책은 지은이의 동의 없이 무단전재 및 복제를 금합니다.

값 15,000원

이 도서의 국립중앙도서관 출판시도서목록(CIP)은 e-CIP홈페이지(http://www.nl.go.kr/ecip)와
국가자료공동목록시스템(http://www.nl.go.kr/kolisnet)에서 이용하실 수 있습니다.
(CIP제어번호: CIP2011003400)

인문여행시리즈 5

일본 애니에서 찾아낸 동양철학 이야기

애니메이션으로 떠나는
철학여행

김치완 지음

인문산책

차례

저자의 말 : 문화콘텐츠, 애니메이션으로 철학하기_6

1
자기를 찾아 나선 아이의 이야기
센과 치히로의 행방불명_11

2
신들을 필요로 하지 않는 사람들의 이야기
선계전 봉신연의_37

3
너무도 현실적인 사람들의 비현실적인 이야기
환상마전 최유기_63

4
신들의 세계를 구하는 사람들의 이야기
천공전기 슈라토_89

5
천명을 받은 사람들의 이야기
십이국기_115

6
지금의 의미를 찾은 소녀의 이야기
시간을 달리는 소녀_139

7
도시를 지키는 사람들의 이야기
카라스_165

8
과학의 의미를 묻는 사람들의 이야기
강철의 연금술사_191

9
전쟁에 희생된 오누이 이야기
반딧불의 묘_217

10
우리가 거리로 내몬 사람들의 이야기
크리스마스에 기적을 만날 확률_243

저자의 말

문화콘텐츠, 애니메이션으로 철학하기

6년 전, 부산대학교 교양교육원에서 시간강사를 대상으로 한 '교양선택 교과목 개발지원사업'을 실시한 일이 있습니다. 이때 '문화와 예술 분야'에 응모하여 선정된 교과목이 '애니메이션과 동양신화(Animation and The Oriental Myth)'입니다. 매체를 통한 교양교육이 활성화되던 때였습니다만, 대중문화 가운데서도 하위문화에 속하는 것으로 평가 받는 애니메이션을 강의 매체로 하는 것은 부담스러웠습니다.

실제로 이런 일도 있었습니다. 강의가 개설된 후에 교양교육원장께서 "선생님이 맡으신 강의가 뭐였죠?"라고 물으셨습니다. 순간 여러 생각이 들어 머뭇거리다가, "애니메이션과 동양신화입니다"라고 대답했습니다. 그러자 교양교육원장께서는 별스런 교과목도 다 있구나 하는 표정으로 잠시 말을 잇지 못하셨습니다. 그리고 이렇게 말씀하셨습니다. "아, 참. 애니메이션하고 신화군요. 수강 인원 걱정은 안 하셔도 되겠어요. 근데 선생님 전공이 뭐죠?"

변명을 하자면, 애니메이션을 통해서 동양신화를, 동양신화를 통해서 동양사상을 다루겠다는 목표를 가지고 있었습니다. 그리고 현실적으로는 우리의 신화나 설화를 일본 애니메이션처럼 문화콘텐츠로 만들 수 있다면, 인문사회계열 전공자들도 새로운 가능성을 찾을 수 있을 것이라고 생각했습니다. 그래서 학기말에 학생들은 몇 개 팀으로 나뉘어서, 우리 신화를 대본으로 한 애니메이션 캐릭터 개발, 스토리텔링의 구성, 사업성 검토 등에 관한 종합 발표를 했습니다. 학생들의 태도는 매우 진지했고, 반응 또한 아주 뜨거웠던 것으로 기억합니다.

그 인연 때문이었는지 1년 전부터 제주대학교 인문대학에서 주관하는 문화콘텐츠·기획홍보 전문인력양성 과정의 문화기획 트랙을 맡게 되었습니다. 그 기획을 준비하던 중 인문산책으로부터 청소년을 대상으로 한 쉬운 철학교양서를 출판하면 좋겠다는 제안을 받았습니다. 청소년을 위한 철학교양서가 출간될 수 있다면 사회과 영역이 통합되면서 철학자들의 이름조차도 생소하게 여기는 청소년들에게 참 좋은 일이 되겠다고 생각했습니다.

1년을 미루다가 청소년을 대상으로 하여 '애니메이션과 철학 이야기'를 하면 어떨까 하는 생각이 들었습니다. 그런데 초고를 쓰다 보니, 초등학생 아이를 셋씩이나 둔 학부모이면서도 초중고생을 대상으로 한 글쓰기가 쉽지 않다는 것을 느끼게 되었습니다. 우선은 전체 연령 시청가의 일본 애니메이션이 지브리 스튜디오의 몇 작품에 한정되어 있다는 것을 깨닫게 되었습니다. 다음으로는 글쓰기나 논리학 강의 때 학생들에게 늘 "초딩도 쉽게 알 수 있게 글을 써야 한다"고 말했지만, 철학 개념을 쉽게 풀어쓰기가 쉽지 않았습니다. 그러다 보니 기획 단계에서 생각했던 것과는 달리 독자층을 좀 높게 잡은 대중교양서가 되었습니다.

처음 기획했을 당시에는 〈인랑人狼〉(1999), 〈신세기 에반겔리온新世紀 エヴァンゲリオン〉(1995), 〈공각기동대攻殼機動隊 : Ghost In The Shell〉(1995), 〈원 령공주もののけ姫〉(1997)도 다루었습니다. 하지만 다른 분들이 이 작품들 을 다룬 단행본을 출간했기 때문에, 이 책에서는〈센과 치히로의 행방 불명千と千尋の神隱し〉(2001), 〈시간을 달리는 소녀時をかける少女〉(2006), 〈카 라스鴉〉(2005), 〈강철의 연금술사鋼の鍊金術師〉(2003), 〈반딧불의 묘火垂る の墓〉(1998), 〈크리스마스에 기적을 만날 확률東京ゴッドファ-ザ-ズ〉(2003)을 새로 선정한 후, 〈선계전 봉신연의仙界傳 封神演義〉(1999), 〈환상마전 최 유기幻想魔傳 最遊記〉(2000), 〈천공전기 슈라토天空戰記 シュラト〉(1989), 〈십 이국기十二國記〉(1989)와 함께 다루었습니다. 이렇게 해서 10편의 애니 메이션을 10개의 철학 주제로 연결하였습니다. 각 애니메이션은 다시 네 가지 주제로 이루어져 있습니다. 첫 번째에서는 애니메이션과 연결 된 주제를 소개하고, 두 번째와 세 번째에서는 좀 더 구체적으로 주제 를 다루며, 마지막으로 결론을 짓는 형태로 구성했습니다.

애니메이션은 오늘날 대표적인 문화콘텐츠입니다. 그런데 본문에 서도 여러 번 밝혔듯이, 저자가 제시한 철학적 사유를 바탕으로 해서 애니메이션이 만들어진 것은 아닙니다. 하지만 우리가 오늘날 고민하 는 여러 가지 주제들을 다양한 장치와 스토리텔링을 통해 다루고 있는 것만큼은 사실입니다. 거기서 어떤 주제를 찾아낼 것인가는 순전히 개 인에게 달려 있습니다. 그런 점에서 이 책을 읽는 분들께서 '애니메이 션이 이런 주제들을 담고 있는 것으로도 볼 수 있구나'라는 생각을 잠 시만이라도 해보실 수 있으면 좋겠습니다.

이 책에는 때때로 무리하게 주제의식을 끌어낸 부분도 있고, 읽기 어려운 개념이나 용어가 나오기도 합니다. 그리고 동양철학의 주요 개념이나 이론들이 주로 나오지만, 때로는 서양철학의 주요 개념이나 이론들이 나오기도 합니다. 혹시 읽기 어려운 개념이나 용어가 나오면 본문에 소개된 철학자들을 다룬 교양서를 읽어보시면 좋겠습니다. 이 책은 애니메이션으로 철학여행을 떠나는 분들을 위한 교양서이지, 본격적인 철학 교재는 아니기 때문입니다.

여름휴가와 가장(家長)을 이 책의 출판에 반납한 채 학습캠프를 돌아다녀야 했던 가족들에게 감사의 표현을 먼저 하고자 합니다. 이제 사춘기에 접어든 듯 보이는 첫째 민성, 여전히 제 생각만 해서 오히려 안심인 둘째 익성, 제대로 놀아주지 못해서 늘 안쓰러운 막내 도형, 그리고 무엇보다도 세 아이를 데리고 다니면서 고생하는 아내에게 미안하고 감사합니다. 그 미안함과 감사함을 본문의 대화 주인공으로 등장시켜 갚고자 했습니다만, 요즘말로 '신상이 털리는' 것이 아닐까 하는 괜한 우려도 해봅니다. 그래서 본문에 등장하는 대화는 실제로 있었던 일도 있지만, 아닌 일도 있다는 말씀을 꼭 드리고 싶습니다.

다음으로는 이번 여름 내내 점심시간 후 두어 시간 동안 뜨거운 보이차를 마시면서 치열하면서도 담담하게 주제의식을 함께 나눈 동료 교수님들께 감사드립니다. 제주대학교 중문과 조홍선 교수님, 국문과 김동윤 교수님, 사회학과 최현 교수님, 사학과 정창원 교수님과 나눈 이야기들이 이 책을 쓰는 데 큰 도움이 되었습니다. '쌤, 어려워. 쉽게 써야 재밌는 거여'라는 말씀이 귓가를 맴돕니다. 이 책이 인기를 끌어

'차마고도(茶馬古道)'라는 찻집을 내는 우리의 꿈이 이루어질 수 있으면 얼마나 좋을까요. 이 '차마고도'의 꿈에 동참하시게 된 우리 대학 사학과 신임교수 전영준 교수님께도 감사합니다. 그리고 책을 읽고 격려해주신 제주대학교 허향진 총장님과 아낌없이 조언해주신 제주대학교 인문대학 김석준 학장님께도 감사의 말씀을 올립니다. 또한 지도교수이신 부산대 명예교수 선산(鮮山) 김승동 교수님께도 감사의 말씀 올립니다.

2쇄는 동료 교수님들과 독자 여러분의 의견을 반영한 후 대폭 수정하여 증보판으로 꾸밀 생각이었습니다만, 오탈자와 의미가 통하지 않는 문맥을 고치는 정도에 그쳤습니다. 그러므로 언제가 될는지 알 수 없지만, 3쇄는 개정증보판으로 출판할 것임을 약속드립니다.

마지막으로 이 책이 출판되는 데 누구보다도 많이 고생하신 인문산책 허경희 대표께 감사의 말씀을 올립니다. 그리고 무엇보다도 아직 잘 알려지지 않은 저자의 부족한 책을 구입하셔서 읽어주시고, 블로그에 글까지 올려주신 독자 여러분께 감사의 말씀 올립니다.

2011년 12월,
2쇄 출간 즈음 제주에서
김치완

1

자기를 찾아 나선 아이의 이야기

센과 치히로의 행방불명

원작 : 千と千尋の神隠し(2001)
감독 : 미야자키 하야오

❖ **등장인물**

치히로(센) : 신들만 사용할 수 있는 온천 휴양지에 우연히 들어와서 온갖 모험을 겪게 되는 열 살 소녀. 마녀 유바바에 의해 이름이 '센'으로 바뀐 후 자신의 이름을 찾는 과정을 통해 성장함.

하쿠 : 원래는 강의 신인 용. 유바바에 의해 과거의 이름을 잊어버려 유바바의 심부름꾼으로 일함. 온천장에 처음 와서 당황해 하던 센을 여러 모로 도와주는 인물.

유바바 : 온천장의 주인이며, 돈과 물질을 위해서는 무슨 짓이든 하는 물질주의자이자 이기주의자. 마법의 힘을 이용해 이기심을 채우고, 이름을 빼앗아 지배하는 마녀.

가마 할아범 : 팔이 여러 개이고, 보일러실에서 일함. 센을 도와주는 지혜로운 할아범.

제니바 : 유바바처럼 마법을 사용하는 쌍둥이 언니지만, 유바바와는 달리 조용히 생활하려 함.

부패의 신 : 센의 도움으로 강의 신으로 돌아옴.

가오나시 : 센의 관심과 애정을 받기 위해 주변을 맴도는 얼굴 없는 신.

린 : 온천장의 종업원. 온천장의 낯선 환경에 잘 적응하지 못하던 센을 도와줌.

보 : 유바바의 아들.

※ 일본어 표기는 국립국어연구원의 일본어 표기법을 따랐으나, 일반적으로 통용되는 것은 관례에 따른 경우도 있다.

스토리 라인

신들만이 사용하는 온천장에 온 치히로를 보살펴주는 하쿠

　주인공 치히로는 평범한 열 살 소녀다. 부모님과 함께 시골로 이사를 가다가 길을 잘못 들어 이상한 마을로 들어가게 된다.
　치히로는 인기척 하나 없고 너무도 조용한 마을의 낯선 분위기에 불길한 기운을 느껴서 부모님에게 돌아가자고 조르지만, 치히로의 부모님은 마을의 이곳저곳을 구경하며 돌아다닌다. 그러던 중 맛있는 냄새에 이끌려 주인 없는 음식점에 들어간 치히로의 부모님은 차려진 음식들을 허겁지겁 먹어대기 시작하더니 돼지로 변한다.
　겁에 질려 당황하는 치히로에게 낯선 소년 하쿠가 나타나 빨리 이곳을

사악한 마녀 유바바는 치히로의 이름을 빼앗고 센이라는 이름을 부여한다.

나가라고 소리친다. 하지만 돼지로 변한 부모님을 찾아 함께 나가야 한다는 생각에 결국 나갈 기회를 잃은 치히로는 온천장 마을에 머물게 된다. 치히로는 온천장에서 만난 하쿠라는 소년의 도움을 받게 되고, 일하지 않으면 살 수 없는 이상한 마을에서 온천장의 종업원으로 살게 된다.

온천장의 주인인 마녀 유바바는 치히로(千尋)라는 인간 이름을 빼앗고, 한 글자가 빠진 센(千)이라는 이름을 부여한다. 치히로라는 이름을 빼앗긴 센은 보일러실에서 일하는 가마 할아범과 린, 그리고 어쩔 수 없이 유바바의 하수인이 된 하쿠의 도움을 받으며, 부모님을 구출해야 한다는 일념으로 열심히 일하게 된다.

온천장에서 일하던 어느 날, 센은 비가 오는 문밖에서 얼굴 없는 신 가오나시가 쳐다보는 것을 알고 문을 살짝 열어준다. 센의 따뜻한 마음에 관심을 가진 가오나시는 센에게 여러 도움을 준다.

그날 유바바의 명령으로 센은 10리 밖에서 악취를 풍기며 온 부패의 신에게 온천물을 갈아주는 일을 맡게 된다. 온천물을 갈아주다가 센은 부

얼굴 없는 신 가오나시는 관심을 받기 위해 센을 여러 모로 도와준다.

패의 신의 몸에서 가시 같은 것을 발견하고는 빼주게 되고, 그 덕분에 부패의 신은 강의 신으로 되돌아오게 된다. 센은 강의 신에게서 고마움의 표시로 만병통치약인 쓴 경단을 선물로 받는다.

한편, 부패의 신의 가시를 빼낼 때 쓰레기들과 함께 사금이 나왔는데, 온천장 사람들이 사금을 좋아하는 것을 안 가오나시는 가짜 사금으로 온천장 사람들을 유혹해서 잡아먹는다. 그리고 센에게 금을 내보이며 센의 관심을 끌려고 한다. 하지만 센은 사금 따위는 거들떠도 보지 않는다. 센의 마음은 아파서 죽어가는 하쿠에게 향해 있기 때문이다.

사실 용인 하쿠는 유바바에게 마법을 배우기 위해 들어왔다가 원래 이름을 잃어버려 도망가지 못하고 유바바의 하수인이 되었다. 하쿠는 유바바의 명령에 따라 유바바의 언니 제니바가 가지고 있던 계약도장을 훔쳐 먹었는데, 그 도장은 단순한 도장이 아니라 마법이 도장이었다. 그래서 하쿠는 목숨을 잃을 위기에 처한다. 센은 강의 신에게 받은 쓴 경단의 반을 잘라 하쿠에게 먹여 도장을 토해내게 하고는 제니바에게 도장을 돌려

용으로 변한 하쿠의 등에 타고 바다를 건너는 치히로

주기 위해 돌아올 수 없을지도 모르는 길을 떠난다. 가오나시와 제니바에 의해 아기 돼지로 변한 유바바의 아들 보, 그리고 파리로 변한 까마귀와 함께 센은 돌아올 차표도 없이 생과 사의 갈림길을 운행하는 열차에 오른다. 그것이 하쿠를 살릴 수 있는 유일한 길이라고 믿으며.

한편 경단을 먹고 도장과 함께 벌레를 토해낸 하쿠는 기력을 회복하고는 자기를 구하기 위해 제니바에게 간 센을 데리러 간다. 유바바의 아들 보를 구해오는 조건으로 센의 부모를 돌려준다는 약속도 받는다.

제니바 집에 도착한 센은 하쿠 대신 용서를 빌고, 제니바는 센 일행을 식사에 초대한다. 그리고 제니바 집에서 용인 하쿠와 센은 재회한다. 센은 가오나시를 제니바 집에 남기고 나머지 동행들과 용의 등에 올라타고 온천장을 향해 날아간다.

바다를 건너던 중 센은 어렸을 때 강에 빠졌다가 강이 구해준 일을 회상하게 되는데, 바로 그 강이 하쿠였고, 그 강의 이름이 '고하쿠'라는 것을 기억하게 된다. 그 순간 하쿠는 자신의 이름을 찾게 되고, 둘은 눈물을

낯선 온천장에서의 일은 치히로의 기억 속에만 남아 있다.

흘리며 감동의 순간을 보낸다.

　온천장에 도착한 센과 하쿠는 유바바의 아들 보를 돌려주며 약속대로 센의 부모를 돌려줄 것을 요구한다. 마녀 유바바는 여러 돼지 중에 센의 부모를 알아맞히면 돌려주겠다고 하고, 센은 유바바의 시험을 무사히 통과하여 부모님을 만나게 된다.

　이제 이름을 찾은 치히로와 하쿠는 처음에 길을 잃었던 터널 근처에서 다시 만날 것을 약속하며 헤어진다. 그리고 치히로는 부모님의 손을 잡고 터널을 빠져 나갈 때까지 뒤를 돌아보지 않은 채 걸어간다. 터널을 빠져 나와 차가 주차해두었던 곳에 도착하니, 차에는 나뭇잎과 먼지가 가득하다. 부모님은 아무것도 기억하지 못하지만, 치히로는 이상한 세계에서의 모험 이야기를 기억 속에 간직한다.

낯선 곳에서 길을 잃다

이야기가 시작되면 "치히로, 잘 지내. 또 만나자, 리사"라고 쓴 카드가 화면을 가득 메웁니다. 그리고 "치히로, 치히로, 이제 다 왔다"라는 아빠의 목소리가 들려옵니다. 그러자 "역시 촌구석이야. 제대로 된 가게가 하나도 보이질 않네"라는 엄마의 목소리가 들립니다. 아빠는 "아, 그래도 살다 보면 정이 들겠지. 저기 봐! 저게 초등학교야! 치히로, 니가 다닐 새 학교다"라고 화제를 돌립니다.

열 살 먹은 소녀 치히로의 가족은 이렇게 시골로 이사하는 중입니다. 아빠는 시골로 이사하게 되어서 엄마와 치히로에게 미안한가 봅니다. 자동차 뒷좌석에 누워 있던 치히로는 친구와 헤어진 아쉬움 때문인지 뾰로통합니다. 이야기는 이렇게 시작합니다.

이야기의 제목을 다시 보면 그다음이 어떨지 짐작해볼 수 있습니

다. '센과 치히로의 행방불명'이니까 주인공인 치히로가 행방불명되기는 하나 봅니다. 그런데 원래 제목에서는 유쿠에후메에(行方不明), 곧 행방불명이라고 하지 않고 '가미카쿠시(神隱し)'라고 했습니다. 일본에서는 아이들을 잃어버리면 신(神)이 아이를 숨긴 것으로 생각했다고 합니다. 그래서 행방불명이라든가 실종이라는 말도 쓰지만, '신이 숨겼다'는 뜻으로 가미카쿠시라는 말을 썼다고 합니다.

이 작품을 독일에서는 '치히로의 요술나라 여행'으로 번역하였고, 프랑스에서는 '치히로의 여행'으로 번역하였습니다. 그런데 이렇게 번역해 놓고 보니, 루이스 캐럴(Lewis Carroll)이 쓴 《이상한 나라의 앨리스》가 생각납니다. 《이상한 나라의 앨리스》와 캐릭터도 서로 겹칩니다.

회중시계를 보는 토끼와 사람 모습을 한 용, 토끼굴에서 만난 담배 피우는 애벌레와 신들의 온천에서 만난 가마 할아범, 가발 쓴 두꺼비와 두건 쓴 두꺼비, 채셔 고양이와 얼굴 없는 신 가오나시, 비둘기와 종이새 가미코로모, 트럼프 나라의 하트 여왕과 둘의 이름을 합치면 공중목욕탕이라는 뜻이 되는 쌍둥이 마녀 유바바와 제니바, 돼지로 변하는 아기와 돼지로 변하는 치히로의 부모, 그리고 쥐로 변하는 사내아이 보가 서로 비슷한 캐릭터입니다.

그래서 '이상한 나라의 치히로'라고 번역해도 좋을 것 같습니다. 그런데 이 작품은 일본 작가인 가시와바 사치코(柏葉幸子)가 쓴 《안개 너머 신기한 마을》을 읽고 만든 것으로 알려져 있습니다. 그래서일까요? '이상한 나라의 치히로'라고 하면 왠지 허전한 것 같습니다. 원래 제목에 등장하는 센이 빠져 있어서 그런 것 같기도 합니다. 그러면 '이상한 나라의 센과 치히로'라고 하면 어떨까요?

이 작품을 다 보고 나면 알 테지만, '이상한 나라의 센과 치히로'도 좀 어색하기는 합니다. 왜냐하면 센과 치히로는 사실 같은 사람을 가리키는 것이니까요. 하기는 센이 치히로이기는 하지만, 정확하게 말하면 치히로는 아닐 수도 있습니다. 이 작품이 '이름'을 소재로 한 이야기라는 이유도 여기에 있습니다.

이제 '이름'과 '욕망', '사람의 조건'이라는 주제로 이 작품을 들여다볼까요.

이름은 왜 중요할까?

우리는 모두 이름을 가지고 있습니다. '민성이, 익성이, 도형이', 이렇게 다른 사람이 자신을 가리켜 부르는 것이 이름입니다. 사람에게만 이런 이름이 있는 건 아닙니다. 모든 것에는 각각 이름이 있습니다. 낮에 하늘에 떠 있는 둥근 물체에는 '해'라는 이름이, 밤에 하늘에 떠 있는 둥근 물체에는 '달'이라는 이름이 있습니다. 그리고 이렇게 물건에만 이름이 있는 것이 아니라 사건이나 현상에도 이름이 있습니다. 깜깜해서 아무것도 보이지 않을 때에는 '밤'이라는 이름이, 환하게 모든 것이 잘 보이는 때에는 '낮'이라는 이름이 있습니다. 이름이 없는 것이 있을까요?

"내가 그의 이름을 불러주기 전에는/ 그는 다만/ 하나의 몸짓에 지나지 않았다." 김춘수 시인의 〈꽃〉이라는 시의 한 구절입니다. 시내에 나가면 잘 모르는 사람들이 많이 있습니다. 집에 돌아와서 우리는 이렇게 말합니다. "오늘 시내에 나갔더니 사람들이 많았어." 하지만 아는 사람을 만났다면 이렇게 말합니다. "오늘 시내에 나갔더니 민성이가 있었어." 이때 민성이를 제외한 사람들은 그저 사람일 뿐입니다. 이렇게 이름을 부른다는 것은 그것이 '있다'는 것을 인정해주는 것입니다.

그리고 어떤 이름으로 부르고, 어떤 이름으로 불리느냐에 따라서 그것의 성격이 달라지기도 합니다. 사람은 사람이라는 이름으로 부르고, 불려야 합니다. 그런데 사람이라는 이름으로 불리지 않으면, 더 이상 그 사람은 사람이 아니게 됩니다. 그래서 사람을 동물에 빗대어 부르면 대개 욕설이 됩니다. 사람은 동물이 아니니까요. 그런데 가끔 동물처럼 행동하는 사람들이 있습니다. 그러면 그 사람이 사람답지 못하다고 생각해서 동물의 이름을 가져다 붙이는 것입니다.

이름과 사물에 대한 이야기를 동양철학에서는 정명(正名)이라고 합니다. 공자(孔子, B.C. 551~B.C. 479)의 제자 중에는 성질이 급한 자로(子路)라는 사람이 있었습니다. 어느 날 자로가 공자에게 "정치를 하신다면 가장 먼저 무엇을 하시겠습니까?"라고 물었습니다. 그러자 공자는 "이름을 바로 잡겠다(正名)"고 말합니다. 자로는 공자가 부국강병(富國强兵)할 정책을 내놓을 것이라고 생각했습니다. 그래서 "선생님은 참 대단하십니다. 이름을 바로 잡는다는 걸로 어떻게 정치를 하시려고

요?"라고 되묻습니다. 공자는 이렇게 말합니다.

"이름이 바르지 못하면 말이 순조롭지 못하고, 말이 순조롭지 못하면 일이 이루어지지 않으며, 일이 이루어지지 않으면 예악(禮樂)이 일어나지 않는다. 예악이 일어나지 않으면 형벌(刑罰)이 맞지 않으며, 형벌이 맞지 않으면 백성들이 손발을 둘 곳이 없어진다. 그러므로 군자가 (올바른) 이름을 붙이면 반드시 말을 할 수 있으며, 말을 하면 반드시 행할 수 있는 것이니, 군자는 그 말에 있어서 구차한 것이 없을 뿐이다."

《논어》〈자로〉3）

"익성아, 넌 도대체 숙제도 안 하고 왜 텔레비전만 보고 있니?" 엄마가 말합니다. 그러자 텔레비전을 보고 있던 민성이가 말합니다. "저요? 저는 아까 숙제 다 했는데요." 그때 숙제를 들고 온 익성이가 말합니다. "저는 숙제하고 엄마한테 확인 받으러 지금 왔는데요." 가끔 아이들의 이름을 헷갈려 부르는 엄마는 난처해집니다. "도형이, 이번 시간에 발표한다면서, 왜 가만히 거기 앉아 있는 거니?" 선생님께서 김도형을 보고 말했습니다. "이번 시간 발표는 이도형이에요, 선생님. 이도형은 오늘 아파서 결석했는데요." 아이들이 이렇게 대답하자 선생님은 난처해집니다.

공자는 이렇게 난처한 상황이 벌어지면 사회질서가 흔들린다고 생각했습니다. 사람은 동물과 달리 문화를 만들고 누리면서 살아갑니다. 그런데 사람이라는 이름을 가진 존재가 동물처럼 누가 더 힘이

센가를 다투면, 더 이상 사람답지 못하다고 생각했습니다. 그래서 공자는 'ㅇㅇ답다'는 것을 강조합니다.

"임금은 임금다워야 하고, 신하는 신하다워야 하고, 아버지는 아버지다워야 하고, 자식은 자식다워야 한다(君君臣臣父父子子)."

(《논어》〈안연〉 11)

작품으로 돌아가 봅시다. 센(千)과 치히로(千尋)라는 이름의 한자를 우리말로 읽으면 '천(千)'과 '천심(千尋)'인데, 그 뜻은 '숫자 천'과 '헤아릴 수 없는 깊이'입니다. 우리말과 달리 일본어는 훈독과 음독이 있습니다. 그러므로 같은 글자를 써놓고도 뒤에 어떤 글자가 붙느냐에 따라 다르게 읽습니다. '일천 천' 자 하나를 썼을 때(千)는 센이라고 읽지만, '찾을 심'이 붙으면(千尋) 센징이나 치히로라고 읽습니다. 그리고 '해 세'를 붙이면(千歲) 스토세라고 읽어서 천(千)의 발음이 달라집니다.

'신들의 온천'을 경영하는 마녀 유바바는 길을 잘못 든 치히로와 계약을 맺으면서 이름 가운데서 심(尋) 자를 빼앗습니다. 그래서 치히로로 불리던 인간 소녀는 인간도 요괴도 아닌 센이 됩니다. 이름은 그 세계에서 살아갈 수 있게 하는 표식입니다. 그리고 그 존재를 규정하는 기호이기도 합니다. 그래서 이름을 붙이거나 빼앗을 수 있다는 것은 상대를 마음대로 할 수 있는 권력이 있다는 것을 뜻합니다. 마녀 유바바는 치히로의 이름을 빼앗고 새로운 이름을 붙여주어서 치히로의 주인이 됩니다.

　마녀 유바바의 능력은 이렇게 언제나 이름을 붙이거나 빼앗는 것과 관련됩니다. 치히로의 엄마와 아빠는 신들을 위해 준비한 음식을 주인의 허락을 받지 않고 허겁지겁 먹습니다. 그래서 마녀 유바바는 치히로의 엄마 아빠에게서 '사람'이라는 이름을 빼앗고 돼지로 만듭니다. 공자가 말했던 것처럼 '사람답다'는 것을 포기한 순간 사람이 아닌 것이 되어버린 것입니다. 미소년의 모습을 한 용 하쿠도 마찬가지입니다. 유바바 밑에서 이름난 마술사가 되려고 한 순간 '니기하야미 고하쿠누시'라고 하는 멋진 이름을 잃어버리고, 심부름꾼이 되어버린 것입니다.

　이 마법 같은 일에서 벗어나려면 어떻게 해야 할까요? 당연히 이름을 되찾으면 됩니다. 센은 자기를 도와주던 하쿠를 구하려고 자신을 희생하기로 합니다. 이것은 치히로라는 이름에 어울리는 선택이었습니다. 그 결과로 지금은 사라졌지만, 치히로가 어릴 때 자주 놀던 고하쿠 강이 하쿠라는 사실을 기억해냅니다. 그래서 하쿠는 고하쿠라는 자기의 이름을 되찾고, 센은 신발을 주으려다가 고하쿠 강에 빠진 치히로인 자신을 되찾습니다. 이제 유바바 앞에 선 센은 더 이상 센이 아닌 치히로입니다. 그래서 엄마 아빠를 찾아내는 순간, 엄마와 아빠는 사람으로 되돌아옵니다.

　센이 치히로로 돌아올 수 있었던 것은 이렇게 치히로라는 이름에 어울리는 행동을 했기 때문입니다. 이게 명분(名分)입니다. 공자가 말했던 것도 결국은 이름과 실질이 같아야 한다는 것이었습니다. 그래서 명분은 명실(名實)이라고도 합니다. 명실상부(名實相符)라는 말이 있습니다. 학생은 '학교에 다니면서 공부하는 사람'입니다. 그러므로 학교에 다니되, 공부하지 않는 사람은 학생이 아닙니다. 그리고 공부는 하지만, 학교에 다니지 않으면 또한 학생이 아닙니다. 이렇게 모든 것의 이름과 실질이 서로 맞아떨어질 때, 비로소 제대로 된 세상이 펼쳐진다는 것이 공자의 생각입니다.

욕망은 왜 위험할까?

우리는 모두 살아 있습니다. 그래서 밥을 먹어야 하고, 잠을 자야 합니다. 이것을 '생리적 욕구'라고 합니다. 사람들만 이런 생리적 욕구를 가지고 있는 것은 아닙니다. 모든 살아 있는 것들은 이런 생리적 욕구를 가지고 있습니다. 생리적 욕구는 본능적 욕구라고도 합니다. 그러므로 생리적 욕구를 충족시키려고 하는 것은 당연한 일입니다. 모든 생명체는 생존하기 위해 끊임없이 먹어야 하고, 쉬어야 합니다. 그리고 자신과 닮은 개체를 만들어서 종족을 유지하려고 생식(生殖)을 합니다.

"살아 있는 것은 흔들리면서/ 튼튼한 줄기를 얻고/ 잎은 흔들려서 스스로/ 살아 있는 몸인 것을 증명한다." 오규원 시인의 〈살아 있는 것은 흔들리면서-순례 11〉라는 시의 한 구절입니다. 평소 우리는 우리가 생리적인 욕구를 충족시켜야 하는 생명체라는 것을 전혀 인식하지 못하고 삽니다. 우리의 정신은 너무도 고차원적이어서 생명을 유지하는 데 꼭 필요한 것조차도 극복할 수 있는 것처럼 생각합니다. 하지만 지금 이 순간에도 우리는 에너지를 태울 산소를 보충하려고 숨 쉬고 있습니다.

우리는 지금까지 동물에게는 말 그대로 생물학적 욕구만이 있다고 생각했습니다. 그래서 동물의 먹고 배설하며 생식하는 행위에는 도덕적 잣대를 들이대지 않았습니다. 사자는 본능적으로 먹잇감을 쫓고 배를 불릴 뿐입니다. 그래서 필요 이상으로 먹는다든지, 가지고 놀려고 먹잇감을 사냥하지는 않습니다. 하지만 착한 사자는 애니메이션에나 등장할 뿐이지, 실제로는 어디에도 없습니다. 반대로 발을 다친 어린 돼지를 사냥하는 사자를 나쁜 사자, 비겁한 사자라고 말하면 안 됩니다.

그런데 똑같은 생리적 욕구라고 하더라도 사람에게는 그것을 충족하는 데 더 엄격한 잣대가 주어집니다. 사람에게 적용되면 생리적 욕구는 욕망이 되기 때문입니다. 사람은 다만 배를 채우려고 음식을 먹지 않습니다. 더 맛있는 것을 먹으려고 소에게 곡물 사료를 먹입니다. 그래서 맛난 어린 송아지 고기를 먹는 사람이 있는가 하면, 굶주리는 사람도 있습니다. 또한 그렇기 때문에 동물과는 달리 사람은 배를 채우려고 먹는 기본적인 행위를 할 때에도 도덕적이거나 법률적인 제재를 받을 수 있습니다.

사람의 욕구 또는 욕망에 관한 이야기를 동양철학에서는 개인과 사회의 문제와 관련시킵니다. 개인적인 욕구는 사회의 질서 테두리

속에 있을 때 보장된다고 보았기 때문입니다. 우선 앞서 등장했던 공자와 자로의 이야기에서부터 출발해봅시다. 공자는 제자들을 이끌고 제후국들을 방문해서 자신이 생각하는 정치적 이상을 실현하려고 했습니다. 때로는 그곳에 제자들을 취직시키기도 하고, 때로는 제후에게 정치적인 조언을 해주기도 하면서 여비를 마련했습니다. 그런데 어느 날 국경 지역에서 여비가 떨어져 일행이 모두 굶주림에 시달리게 되었습니다. 이때도 어김없이 자로가 나섭니다. 자로는 공자에게 "군자(君子)도 굶을 때가 다 있습니까?"라고 화를 냈습니다. 그러자 공자는 이렇게 대답합니다.

"군자라야 굶주림을 이겨낼 수 있지, 소인이 굶주리면 못할 짓이 없게 된다." 　　　　　　　　　　　　　　(《논어》〈위령공〉 1)

'못할 짓이 없게 된다'고 풀이했지만, 원문에는 '넘치다', 또는 '함부로 하다'를 뜻하는 '濫(남)'이라고 되어 있습니다. 공자는 군자와 소인을 이겨내는 것(固)과 못할 짓이 없는 것(濫)으로 대비시켰습니다.
"네 동생이 먹을 건데, 네가 먹으면 어떻게 하니?" 엄마가 말합니다. "저도 먹고 싶었거든요. 그래서 먹었어요." 민성이가 대답합니다. 엄마는 민성이를 꾸짖습니다. "넌 5학년이나 된 애가 1학년인 도형이가 먹을 것도 뺏어 먹니? 그리고 넌 아까도 먹었잖니?" 이쯤해서 잘못했다고 말해야 합니다. 그럴 리는 없겠지만 "한 개 더 먹고 싶어서 먹었는데, 왜 그러세요? 저는 엄마 자식이 아닌가요? 내가 나이가 더 많고, 그래서 몸집이 더 크니까 더 먹어야 하는 것 아닌가요?"라고 대꾸하면, 논리적일지는 몰라도 사람답지는 못합니다.

공자는 백성의 굶주림을 우선적으로 해결해야 올바른 정치라고 주장했습니다. 그런 그가 굶주림을 이겨내야 군자라고 말합니다. 왜냐하면 군자는 자연인(自然人)이 아니라 사회적 존재이기 때문입니다. 군자는 생명체로서 자신의 생명 유지보다는 자신이 속한 사회에서 어떤 역할을 해야 하는지를 우선 생각해야 합니다. 그래서 공자는 우리가 만일 하루라도 자신의 욕구를 이겨낼 수 있다면 천하의 모든 것이 인(仁), 곧 사람다움으로 돌아갈 수 있다고 말했습니다.

"자기를 극복하여 예를 행하는 것이 인(仁, 사람다움)이다. 하루만이라도 스스로를 이겨 예(禮)를 회복할 수 있다면, 천하가 인(仁)으로 돌아올 것이다. 인(仁)을 행하는 것은 자기에게서 비롯되는 것이지, 어찌 남에게서 비롯되는 것이겠느냐?" 《논어》〈안연〉1)

작품으로 돌아가 봅시다. 여행에 지친 치히로의 엄마와 아빠는 낯선 곳에 도착해서도, 그곳이 일본의 거품경제시기에 우후죽순으로 생겨났다가 망해버린 테마파크라고 생각합니다. 그래서 건물이 이상한 소리를 내는데도 바람소리이겠거니 하고 생각하는가 하면, 샌드위치라도 싸올 걸 그랬다고 생각합니다. 그리고 맛있는 냄새에 끌려 식당으로 찾아갑니다. 그리고 주인을 찾는가 싶더니, "됐어요. 일단 먹고 돈은 나중에 내면 되죠"라고 말합니다. 그런 엄마 아빠에게 치히로는 "엄마, 그냥 가! 주인이 와서 화내면 어떻게 해?"라고 말합니다. 하지만 아빠는 무심하게 이렇게 말합니다. "괜찮아! 아빠랑 같이 왔는데 뭐! 아빠는 돈도 있고, 신용카드도 있다." 그리고 허겁지겁 음식을 집어 먹는 순간, 마법의 공간이 열립니다.

이사하기가 싫었던 치히로는 이런 경험을 통해 부쩍 성장합니다. 그런데 응석받이가 아닌 성숙한 사람으로 성장하는 치히로와 대비되는 존재가 얼굴 없는 신 가오나시입니다. 가오나시는 치히로를 도와주지만, 치히로의 관심을 받고 싶어 합니다. 가오나시의 애정 결핍은 사금에 눈먼 온천장 종업원들을 집어 삼키는 것으로 표현됩니다. 그런데 재미있는 것은 가오나시가 제일 처음 온천장 종업원을 집어 삼키고 난 뒤, 다음 종업원이 들어오자 한 말입니다. "형님, 배가 등가죽에 붙었어, 배고파 죽겠어!" 그는 애정의 결핍을 생리적 욕구의 결핍으로 표현합니다. 그리고 그의 결핍은 그가 뿌려대는 사금을 줍는 데 정신이 팔린 온천장 종업원들의 욕구 결핍과 묘하게도 잘 어울립니다.

"너도 가자! 유바바는 자고 있어! 다시없는 좋은 기회야." 치히로를 유혹하는 종업원 린의 말은 참 매력적입니다. 하지만 가오나시가 내미는 사금을 "필요 없어요, 갖고 싶지 않아요. 전 급한 볼일이 있어서 그만 가볼게요"라며 거절하는 치히로의 선택은 더 매력적입니다. 이렇게 보면 치히로를 도와주던 하쿠의 불행도 최고의 마법사가 되려고 했던 욕망을 자제하지 못한 데서 비롯되었습니다. 하쿠는 유바바의 명령에 따라 제니바가 가지고 있던 마녀의 계약도장을 삼켰지만, 사실 그것은 최고의 마법사가 되려고 했던 자기의 욕망 덩어리였습니다.

그리고 가오나시와 하쿠가 강의 신이 준 선물인 쓰디쓴 약을 먹고 자신의 욕망을 뱉으면서 정상으로 돌아온다는 것도 의미심장합니다.

사람이 되기 위해서는 어떤 조건이 필요할까?

이름과 욕망에 관한 이야기는 사람의 조건이라는 큰 주제로 묶을 수 있습니다. 이 주제는 첫 번째로 '인간이란 무엇인가?'라는 질문으로 바꿔 놓을 수 있습니다. 우리는 인간입니다. 그러므로 '우리가 무엇인가'라는 질문에 우리가 대답한다는 것은 상당히 어려운 일입니다. 우리가 지금까지 우리를 무엇이라고 불러왔는지를 생각해보면 이 일이 얼마나 어려운지 잘 알 수 있습니다.

    호모 네간스(Homo negans) : 부정 가능한 인간
    호모 데멘스(homo demens) : 광기의 인간
    호모 라보란스(homo laborans) : 노동하는 인간
    호모 라피엔스(homo rapiens) : 약탈하는 인간
    호모 레치프로쿠스(homo reciprocus) : 호혜적 인간
    호모 레지스탕스(homo resistance) : 저항하는 인간
    호모 사체르(homo sacer) : 성스러운 인간
    호모 로퀜스(Homo loquens) : 언어적 인간
    호모 루덴스(Homo ludens) : 유희적 인간

호모 비블로스(homo biblos) : 기록하는 인간

호모 사피엔스(Homo sapiens) : 생각하는 인간

호모 소치에스(Homo socies) : 사회적 인간

호모 스피리투스(homo spiritus) : 영적 인간

호모 심비우스(homo symbious) : 공생적 인간

호모 아르텍스(homo artex) : 예술적 인간

호모 아카데미쿠스(homo academicus) : 학문적 인간

호모 에로스(Homo eros) : 성애적 인간

호모 에스테티쿠스(homo aestheticus) : 미학적 인간

호모 에코노미쿠스(homo economicus) : 경제적 인간

호모 에티쿠스(Homo ethicus) : 윤리적 인간

호모 엠파티쿠스(homo empathicus) : 공감적 인간

호모 에루디티오(homo eruditio) : 학습하는 인간

호모 에스페란스(homo esperans) : 희망하는 인간

호모 에티쿠스(homo ethicus) : 윤리적 인간

호모 파베르(homo faber) : 도구적 인간

호모 콘숨멘스(Homo consummens) : 소비적 인간

호모 쿠페라티부스(homo cooperativus) : 협동적 인간

호모 쿨투랄리스(homo culturalis) : 문화적 인간

호모 크레아투라(homo creatura) : 창의적 인간

호모 테크니쿠스(homo technicus) : 기술적 인간

호모 폴리티쿠스(Homo politicus) : 정치적 인간

이밖에도 인간이 스스로 규정하는 특징은 상당히 많습니다. 물론 분류학적으로 말하면, 인간의 학명은 호모 사피엔스입니다.

계 : 동물
문 : 척색동물
강 : 포유류
목 : 영장류
과 : 호미니드(이족 보행)
속 : 호모(뇌가 크고, 도구 사용)
종 : 사피엔스(사유)

그런데 동양철학에서는 '인간이란 무엇인가'라는 물음이 '인간으로 불리려면 어떻게 행동해야 하는가?'라는 물음을 포함하고 있습니다. 이것을 인성론(人性論)이라고 합니다. 인간이 인간이라고 불릴 수 있는 조건이 인성(人性)인 셈입니다. 인성론에서 말하는 인간의 특징은 다만 생각할 줄 안다는 것이 아닙니다. 좀 더 구체적으로 '무엇을 생각하느냐'와 '생각한 것을 어떻게 한다는 것이냐'에 주목하기 때문입니다. 그러므로 동양철학에서는 인간의 조건을 '도덕적으로 판단하고 도덕적으로 행동하는 것'이라고 말합니다. 이 문제에 대해서 구체적으로 이야기하기 시작한 인물이 맹자(孟子, B.C. 372?~B.C. 289?)입니다.

맹자는 인간의 본질이 선(善)하다고 보았습니다. 그리고 그 근거로 네 가지 마음을 들었습니다. 이것이 사단(四端), 곧 인간의 본성이 선하다고 하는 네 가지 단서입니다. 맹자의 말을 들어봅시다.

"사람은 누구나 다른 사람에게 잔인하게 굴지 못하는 마음(不忍人之心)을 가지고 있다. …이제 어떤 사람이 갑자기 어린아이가 우물에 빠지려는 것을 보았다면, 누구나 깜짝 놀라 불쌍하게 여기는 마음을 갖게 될 것이다. 이것은 어린아이의 부모와 사귀려고 하기 때문도 아니고, 마을 사람들에게 자랑하려고 하기 때문도 아니며, 그 소리가 싫어서 그런 것도 아니다. 이것으로 보건대 불쌍히 여겨서 감춰주는 마음이 없으면 사람이 아니고, 부끄러워하고 미워하는 마음이 없으면 사람이 아니며, 겸손하여 남에게 양보하는 마음이 없으면 사람이 아니고, 옳고 그름을 가리는 마음이 없으면 사람이 아니다."

(《맹자》〈공손추〉상편)

치히로는 온천으로 찾아온 부패의 신을 맞이합니다. 머리가 쭈뼛 서고, 손님에게 낼 음식이 곧바로 상해버릴 정도로 악취를 뿜어내는 신입니다. 유바바의 명령이기는 했지만, 치히로는 부패의 신을 욕탕으로 인도합니다. 그리고 가오나시가 치히로의 관심을 끌려고 가져온 약물팻말을 모두 씁니다. 그뿐만 아니라 "그런데 손님 몸에 가시 같은 게 박혀 있어요"라면서 그것(나중에 자전거로 판명되었지만)을 빼내려고 합니다. 조금은 지나친 생각일 수도 있겠지만, 이 장면에서 치히로는 맹자가 인간의 조건으로 손꼽은 네 가지 단서를 모두 보여줍니다.

11개의 약물팻말(바닥에 흩어졌을 때는 14개지만)을 내미는 가오나시에게 치히로는 이렇게 말합니다. "저, 이렇게 많이는 필요 없어요. 아니에요! 하나면 충분해요." 물론 치히로는 가오나시가 어떻게 해서 약물 팻말을 가져왔는지 모릅니다. 하지만 자신에게 필요한 것 이상을 가지려고 하지 않습니다. 이것은 옳고 그름을 가리는 마음과, 겸손하여 남에게 양보하는 마음에서 나온 행동입니다. 그리고 부패의 신을 맞이하고, 그의 몸에 박힌 가시를 뽑아주려고 한 것은 불쌍히 여겨서 감춰주는 마음과, 부끄러워하고 미워하는 마음에서 나온 행동입니다. 상처 입은 하쿠를 구하고, 외로움에 떠는 가오나시를 구하는 과정에서도 치히로는 이 네 가지 마음을 분명하게 보여줍니다.

물론 〈센과 치히로의 행방불명〉은 인간과 자연, 그리고 환경과 여성 등 다양한 주제의식으로 볼 수 있습니다. 하지만 센이 되었다가 다시 치히로로 돌아온 소녀의 이야기라는 점에서 본다면, 무엇이 인간다운 것인지에 초점을 맞출 수도 있습니다. 맹자는 인간의 조건을 말하면서 '다른 사람에게 잔인하게 굴지 못하는(不忍人之心)'이라고 말을 꺼냅니다. 이것은 동양철학에서 말하는 인간다움이 관계에서 출발한다는 것을 보여줍니다. 인간다움을 증명하려고 대표적으로 손꼽은 네 가지 마음도 결국은 나와 다른 사람의 관계를 전제하는 것입니다. 인간(人間)은 한자 표기 그대로 하나가 아니고 둘(人)이고, 그 틈(間)에서 다양하게 관계하고 실천하는 존재입니다.

가오나시는 그곳에 오기 전에 치히로가 그랬던 것처럼 관심과 애정에 굶주린 자기중심적 존재입니다. 그리고 치히로 주변을 계속 맴돕니다. 센은 그래서 어쩌면 자기의 숨은 자아일 수도 있는 가오나시를 제니바의 집에 남겨 두고 돌아옵니다. 그랬기 때문인지 하쿠의 본래 이름을 기억해내서 찾아내고, 그동안 두려워하던 유바바를 '할머니'라고 부를 수 있게 됩니다. 센이 치히로로 되돌아올 수 있었던 까닭은 자기 속에 숨어 있는 가오나시를 떨쳐내고 인간답게 행동했기 때문입니다.

2

신들을 필요로 하지 않는 사람들의 이야기

선계전 봉신연의

원작 : 仙界傳 封神演義(1999)
감독 : 니시무라 준지

✤ 등장인물

태공망 : 유목민족 출신으로, 주왕의 횡포로 어릴 때 가족을 잃고 선인계로 올라갔다가 원시천존에 의해 봉신계획을 듣고 인간계로 향함.

사불상 : 원래 원시천존의 영수였으나, 봉신계획으로 태공망을 태우고 다니게 됨. 하늘을 날아다니며 하마를 닮았음.

신공표 : 선계 최강의 도사. 선인들이 사는 곤륜산에도 달기와 문중이 속해 있는 금오도에도 속하지 않고 돌아다니며 정보를 탐색하는 인물로, 태공망을 라이벌로 생각함.

나타 : 구화만용왕의 셋째 아들을 죽인 일로 자살한 후 태을진인에 의해 연꽃의 화신으로 환생한다. 아버지 이정이 자신의 무덤을 파헤친 것을 안 후 보복하러 다니다가 태공망을 만나 그의 친구가 됨.

뇌진자 : 서백후 희창이 주왕을 배알하러 조가성으로 가던 중 무덤 옆에서 발견하여 100번째 아들로 삼음. 곧바로 곤륜산에 맡겨짐.

양전 : 곤륜산의 12선인 중 한 명인 옥정진인의 제자. 곤륜산에서 선인으로 수행을 하던 중 태공망을 도우라는 원시천존의 명을 받고 달기로 변화여 태공망을 시험하나, 태공망이 시험을 통과하자 그를 돕게 됨.

황천화 : 황비호의 아들로 12선인 중 한 명인 청허도덕진군 밑에서 수행하다가 위기에 빠진 아버지 황비호를 구하기 위해 인간계로 향함.

황비호 : 은나라의 무성왕. 달기에게 혈육을 잃고, 태사인 문중과 다시 만나 그의 절친한 친구가 됨.

문중 : 은 왕조의 태사이자 황비호의 친구. 멸망해 가는 은나라에 미련을 버리지 못하고 괴로워하는 비극적 인물.

주왕 : 은 왕조 30대 황제. 달기에 주술에 걸려 폭군이 됨.

달기 : 불여우가 기주후 소호의 딸 달기의 몸을 가로채서 몸을 만들었음. 주왕을 조종하여 은 왕조를 혼란에 빠뜨리는 요물.

강비 : 주왕의 정당한 황후로 은교, 은홍의 생모. 달기에 의해 주왕을 암살하려 했다는 모함으로 감금되어 자결하게 됨.

원시천존 : 곤륜산에 머물고 있으며, 봉신계획에 태공망을 끌어들임. 봉신계획은 2천 년 전 인류 최초의 시조인 왕역과 원시천존, 12선인의 수장인 연등선인이 여와 몰래 추진한 극비 계획이었음.

서백후 희창 : 곧은 성품으로 주왕의 폭정을 간언하다가 아들을 희생시킴.

스토리 라인

선인 신공표와 그의 영수 흑점호

기원전 11세기 중국의 은 왕조 시대. 당시의 황제였던 주왕은 절세 미녀 달기를 황후로 맞은 후, 그녀에게만 빠져 정사를 돌보지 않은 채 주지육림에 빠진다. 달기는 사람을 부리는 재주를 가진 요괴로, 그 기술을 이용하여 황제를 조종하고, 근친들을 왕궁으로 끌어들여 향락적인 나날을 보내고 있었다. 이렇게 혼란한 인간계를 구하기 위해 악한 신선과 도사들을 새롭게 만든 신계(神界)에 봉인하기 위한 봉신계획이 세워지고, 태공망이 은 왕조의 수도로 향한다.

그 즈음 달기는 사대 제후를 은의 수도 조가로 불러 성대한 연회를 개

최하려고 한다. 그 초대장을 받은 서백후 희창은 아들의 반대를 물리치고 조가로 향한다. 달기가 주최한 성대한 연회 자리에 모인 서백후 희창을 비롯한 사대 제후는 기아에 굶주리는 백성을 조롱하는 달기의 작태에 분노지만, 결국 희창은 조가에 감금되고 만다.

서기성에 있는 희창의 아들 백유고 일행은 부친이 조가에 감금돼 있다는 정보를 입수하고, 희창을 돕기 위해 조가로 향한다. 백유고는 어떻게 해서든 아버지를 구하려고 주왕을 알현하지만, 달기의 간계로 위기에 몰린다.

한편, 동지를 찾아 나선 태공망과 사불상도 조가에 도착한다. 숲속에서 쉬고 있던 태공망은 보패를 몸 안에 간직하고 비행하는 나타라는 아이와 그 아이에게 쫓기는 남자를 만난다. 쫓기는 남자는 다름 아닌 나타의 아버지로, 그는 유괴왕의 분노를 걱정한 나머지 아내인 은씨가 만든 나타의 묘를 파괴하는 바람에 나타에게 보복을 당하고 있던 중이었다. 태공망은 그들의 관계를 수습하고는 나타를 동지로 얻는다. 하지만 봉신계획에 의문을 품은 태공망은 곤륜산 옥허궁으로 향하고, 진실을 추궁하는 태공망에게 원시천존은 봉신계획과 그 실행자로서 태공망이 추천되었다는 사실을 알려준다.

황비호의 조력으로 서기성으로 돌아갈 것을 허락 받은 서백후 희창에게 달기의 자객이 찾아온다. 희창은 필사적으로 도망가지만, 결국 붙잡히고 만다. 그때 하늘에서 돌연 나타나 희창을 위기에서 구한 이는 희창의 100번째 아이로 유아기에 곤륜산에 맡겼던 뇌진자였다. 태공망은 물 부족으로 허덕이는 마을을 지나게 되고, 뇌진자와 일 대 일로 겨루게 되나 그의 정의로운 마음에 이끌린다.

은의 정당한 황후인 강비는 황자 은교와 은홍의 생모이고, 그 인품 역

태공망은 서백후 희창에게 은을 폐하고 새로운 나라를 건국하자고 제의한다.

시 널리 칭송받고 있었으나, 주왕 암살의 모함을 받고 포박당한다. 황제 암살의 의혹을 받고 있던 황후 강비는 감금된 신세가 되었다가 돌연 주왕의 부름을 받는다. 하지만 달기는 주왕에게 주술을 걸고, 강비를 함정에 빠뜨린다.

나타, 뇌진자를 한편으로 포섭한 태공망 앞에 돌연 조가에 있어야 할 달기가 나타난다. 일행은 달기의 강력한 파워에 압도되지만, 실은 봉신계획을 돕도록 원시천존의 명을 받고 온 곤륜산의 도사 양전의 변형이었다.

그 무렵, 중국의 동서를 이어주는 길목인 임동관에는 주왕의 압정을 견디지 못한 채 도망친 난민들이 모여살고 있었다. 은교와 은홍 두 태자와 함께 조가를 탈출한 황비호는 임동관에 이른다. 그곳에는 달기가 보낸 자객, 요괴 선인이 먼저 와서 잠복하고 있었다. 황비호의 아들 황천화의 활약으로 달기의 자객은 물리치지만, 이번엔 문중이 또 다른 자객을 보낸다. 이들에게 황비호와 두 태자는 인질이 되고, 태공망과 뇌진자마저 붙잡히고 만다.

태공망 일행은 모습을 드러낸 문중과 맞서 최선을 다해 싸우지만, 문중은 황비호에게 보패를 내던지며 인간 대 인간으로 승패를 가르자고 제의한다. 두 태자를 둘러싸고 황비호와 문중의 끝없는 대결이 펼쳐진다. 그때 하늘을 가르고 곤륜산의 보패 로봇, 황건역사가 출현하여 은교와 은홍 형제를 데리고 가버린다.

낚시를 하고 있던 태공망에게 서백후 희창이 나타나 자신이 무엇을 할 수 있는지를 묻는다. 태공망은 희창에게 군사를 일으켜 은을 폐하고 새로운 나라를 건국하자는 제의를 한다.

태공망 일행은 강력한 보패를 조종하는 구룡도의 사성에게 고전을 면치 못한다. 서기 전투의 여파로 북쪽 나라는 혼란에 빠지고, 희창 일행은 선인계 싸움의 격렬함을 실감하게 된다.

마침내 달기를 제거한 뒤에 선인계로 찾아간 태공망은 봉신계획의 전말을 전해 듣는다. 선인계에서는 은나라를 멸망시키고 주나라를 세우기 위해 달기를 내려 보냈던 것이고, 달기는 원시천존이 조종하는 인형이었음이 밝혀진다. 즉, 주왕 옆에서 아양을 떨었던 것도 원시천존이었고, 악행을 저지른 것도 원시천존이었던 것이다. 이를 안 태공망은 선인계의 지배자인 원시천존에게 인간계를 간섭하지 말라고 한다.

그때 달기가 나타난다. 인형에 불과했던 달기가 의지를 가지게 되면서 자신을 악역으로 썼던 것에 대해 분노하고 날뛴다. 그러자 원시천존, 문중에 이어 이제까지 방관만 하던 신공표까지 달려들어 몰매를 줌으로써 달기는 죽고 만다.

역사적 사건, 다양한 독자를 만나다

이야기가 시작되자마자 약간은 가벼운 목소리를 가진 남자 성우의 해설이 시작됩니다. 그리고 그 해설에 따라 신선들이 살았다는 곤륜산(崑崙山)과 인간계(人間界)가 펼쳐집니다.

한때 이 세상에는 두 개의 세계가 있었습니다. 천궁(天宮)에는 선인(仙人)들이 사는 선인계(仙人界), 그리고 지상에는, 그래요, 물론 인간들이 사는 인간계(人間界)가 있었지요. 인간계의 시대는 은(殷)입니다. 그 제30대 황제인 주왕(紂王)은 문무를 겸비한 명군(名君)으로 알려져 있었는데, 수도인 조가(朝歌, 지금의 하남성 기현)를 중심으로 그 세력이 주변의 크고 작은 800여 개에 이르는 나라들에게까지 미치고 있었습니다.

그리고 해설이 끝나면서 자신을 신공표라고 소개하는 선인(仙人)이 등장합니다. "지금 여러분이 보신 것은 기원전 11세기쯤의 광경입니다. 예? 시대 구상에 무리가 있다고요? 뭐, 그건 가공의 이야기를 재미있게 하기 위한 것이니만큼 양해해주세요." 사실 신공표의 설명처럼 이 애니메이션은 역사적 사실을 가공한 소설에 SF적 요소를 섞어 만든 것입니다. 그 사실을 아는 사람은 신공표의 느닷없는 설명과 등장, 그리고 애교 섞인 부탁을 들으면서 살짝 미소를 지을 수밖에 없습니다.

〈선계전 봉신연의〉의 원작 소설은 《봉신연의封神演義》입니다. 육서성(陸西星, 1520~1605?) 또는 허중림(許仲琳)의 작품이라고 알려져 있지만, 저자는 분명하지 않습니다. 다만 중국 원나라 때에 만들어진 다섯 가지 종류의 '전상평화(全相平話)' 중 《무왕벌주평화武王伐紂平話》를 바탕으로 한 것으로 알려져 있습니다. 이 애니메이션을 보려면 몇 가지 예비지식이 필요합니다.

우선 전상평화에 대해서 알아보도록 하죠. 중국 송나라와 원나라 때에는 도시마다 이야기꾼(說話人)이 청중들을 앞에 두고 이야기를 들려주는 '설화(說話)'라는 민간 기예(技藝)가 발달했습니다. 그런데 그 설화 가운데서 주로 역사 사실을 기반으로 민간 전설을 흡수하여 재해석하는 '강사(講史)'라는 것이 유행했습니다. 통속 역사서에 해당하는 이 '강사'의 대본을 '강사화본'이라고 했는데, 원나라 때부터는 '평화(平話)'라고 불렀습니다. 평화 중에는 원나라 때 간행된 '전상평화오종(全相平話五種)'이 유명합니다. 《봉신연의》의 토대가 되는 《무왕벌주평화》를 비롯하여 《삼국지평화》 등이 이 전상평화오종에 속합니다.

한편, 연의(演義)는 역사적인 사실을 부연해서 재미있고 알기 쉽게 쓴 책이나 창극을 가리키는 말입니다. 우리가 잘 알고 있는 《삼국지연의三國志演義》도 원나라와 명나라의 작가 나관중(羅貫中, 1330?~1400)이 도원결의(桃園結義)에서부터 오나라의 손호(孫皓, 242~284)가 항복하여 천하가 통일될 때까지의 사적(史蹟)을 소설체로 풀어 서술한 것입니다. 마찬가지로 《봉신연의》는 육서성 또는 허중림이 전상평화 가운데 《무왕벌주평화》를 바탕으로 해서 명나라 후반에 일어난 여러 사상, 민간 신앙 등을 혼합하여 집필한 작품입니다. 그러므로 《봉신연의》는 《무왕벌주평화》를 대본으로 하고, 《무왕벌주평화》는 중국 고대 국가인 은나라와 주나라의 왕조 교체 시기의 역사와 전승 설화를 바탕으로 만들어졌습니다.

이런 내력을 가진 《봉신연의》를 토대로 한 드라마와 만화책, 그리고 애니메이션이 다양하게 나왔습니다. 《봉신연의》는 1981년에 홍콩 TVB에서 '봉신방(封神榜)'이라는 제목의 드라마로 제작된 이래, 2001년에 40회분으로 다시 제작된 일이 있습니다. 그리고 2006년에는 중국 CC-TV에서 '봉명기산(鳳鳴岐山)'이라는 제목의 40회분 드라마로 제작되었고, 2008년에는 같은 방송국에서 후속편으로 40회분의 '무왕벌주(武王伐紂)'가 제작되었습니다. 그리고 애니메이션 〈선계전 봉신연의〉는 후지사키 류(藤崎 龍)가 1996년 주간 〈소년점프〉에 연재했던 만화책을 대본으로 합니다. 이 만화책을 1999년 니시무라 준지(西村純二)가 감독하여 TV 도쿄에서 26편으로 방송했습니다.

위에서 소개한 작품들은 중국 고대 왕조인 은나라와 주나라가 교체하는 시기에 벌어진 역사적 사건들을 재구성했다는 점에서 모두 같은 작품으로 볼 수도 있습니다. 하지만 각 작품들이 염두에 둔 독자층이 시대별, 장르별로 분명히 다르기 때문에 소재나 줄거리 면에서 상당한 차이를 보입니다. 예컨대, 1996년의 만화 원작에서는 주요 인물인 달기가 지구와 융합해서 살아남지만, 1999년의 애니메이션에서는 달기가 원시천존(元始天尊)을 비롯한 여러 등장인물들에 의해 죽임을 당합니다. 물론 달기의 캐릭터도 이 두 텍스트에서는 완전히 다릅니다.

어찌되었거나 이 작품들에서는 신선계와 인간계, 그리고 새롭게 만들어진 신계(神界)를 다루고 있습니다. 그리고 중국 명나라 때의 고전소설인 《봉신연의》는 삼교합일(三敎合一 ; 유교와 불교, 도교를 하나로 합침) 사상을 담고 있습니다. 물론 《삼국지연의》, 《수호지》, 《서유기》, 《금병매》와 함께 중국의 기서(奇書)로 손꼽을 수 있을 만큼 전기적(傳奇的) 요소를 많이 담고 있으며, 그래서 도교 사상을 집대성한 것으로 평가됩니다. 더구나 유학자인 공자가 이 작품의 주인공이라고 할 수 있는 태공망(太公望)을 싫어했기 때문에 그에 관한 이야기들이 구전(口傳)으로만 전해 왔다는 말이 있을 정도로 유교와는 별로 관계가 없는 것처럼 보입니다.

하지만 이 작품은 공자가 그토록 숭상했던 문화국 주나라의 건국에 관한 이야기입니다. 그리고 봉신(封神)이라는 말도 '흙을 모아 제단(祭壇)을 쌓고 신을 모신다'는 뜻이지만, 전혀 다르게 해석할 수도 있습니다. 적어도 만화책 〈봉신연의〉와 애니메이션 〈선계전 봉신연의〉에서 봉신(封神)은 비범한 능력을 가진 신선이나 요괴를 죽여서 신계(神界)에 가둔다는 의미로 해석하기 때문입니다. 이 작품을 도가 사상이 아닌, 유가 사상으로 보고자 하는 이유도 여기에 있습니다.

이제 절지천통(絶地天通; 인간과 신이 통하는 길을 끊음)과 치즉진 난역진(治卽進 亂亦進; 세상이 다스려져도 나아가고, 혼란해도 나아감), 그리고 정치(政治)라는 주제로 이 작품을 들여다볼까요.

인문주의는 왜 중요한가?

우리는 모두 믿음을 가지고 있습니다. '하느님, 부처님, 알라, 원시천존, 브라흐만' 등 이 세상과 우리를 만들었다고 생각하는 어떤 존재를 믿고 있습니다. 이 믿음에 대해서 이렇다 저렇다고 평가하는 것은 그다지 지혜롭지 못한 일입니다. 믿음이라는 것은 각자의 선택과 결정에서 비롯되는 것이기 때문입니다. 그러므로 그 믿음이 '윤리 이상, 이성 이후'라는 조건에 부합하기만 한다면, 다른 사람의 믿음에 대해서 이러쿵저러쿵 말하지 않는 편이 좋습니다. 과거에도 그랬지만, 오늘날의 인적 네트워크(Social Network)에서도 종교와 정치 문제는 언제나 뜨거운 감자니까요.

더 솔직하게 말해보도록 하죠. 좋은 관계를 유지하려면 타인의 종교나 정치 문제에 대해서는 말하지 않는 게 좋습니다. 물론 그것이 보편적인 윤리 규범이나 그것의 기초가 되는 이성에 기초해야 한다는 전제가 있기는 하지만 말입니다. 좀 더 솔직하게 말하면 이렇게 말할 수도 있습니다. 우리들 중 누가 신(神)이 없다고 말할 수 있고, 또 누가 이 세상을 살아가면서 어느 것 하나라도 믿지 않았다고 자신 있게 말할 수 있을까요. 그러므로 믿음은 인간의 본성 가운데 하나라고 할 수도 있습니다.

"나에게서 당신을 빼고 나면/ 아무것도 남지 않을/ 가난뱅이 여인/ 나에게 당신을 옷 입히면/ 아무것도 부러울 게 없는/ 궁전의 여인/ 하느님/ 아무래도 당신은/ 기적의 신(神)입니다." 이해인 수녀의 〈하느님 당신은〉이라는 시의 한 구절입니다.

종교인에게 신은 자신과 이 세상을 존재하게 한 근원입니다. 이 세상 어느 것 하나도 신의 손길이 미치지 않는 곳이 없습니다. 루마니아 출신의 종교학자인 미르체아 엘리아데(Mircea Eliade, 1907~1986)가 말했듯이, 이렇게 생각하면 이전과는 전혀 다른 시공간이 펼쳐집니다. 그러므로 믿음을 문제 삼는다는 것은 그런 순간을 제대로 경험해보지 못했거나, 애써 외면한 것에 지나지 않는다고도 할 수 있습니다.

오늘날 우리는 근대를 자본주의와 이성중심주의로 정의합니다. 역설적으로 들리겠지만, 이성중심주의라는 면으로 말하면 동양은 이미 오래전부터 근대를 살아왔습니다. 그 근거가 절지천통(絶地天通)의 고사입니다. '절지천통'이란 '지천통을 끊는다', 곧 땅의 인간들과 하늘의 신이 서로 통하는 길을 끊는다는 말입니다.

위대하신 임금께서 여러 형벌 받은 자들의 무고함을 가엾게 여겨, 사나운 자들에게 위엄으로 갚으셨는데, 묘족(苗族)의 백성들을 막고 끊어서 대대로 아래에 있지 못하게 하셨다. 그래서 중(重)과 려(黎)에게 명하여, 땅이 하늘과 통하는 것을 막아 신이 내려오는 일이 없도록 하셨다. 여러 제후들에서부터 아래에 있는 사람들에 이르기까지, 밝고 밝게 바른 도로써 돌보아 홀아비나 과부까지 무시하지 않았다.

(《서경》 주서 〈여형〉)

"교리 공부하고 온 애가 왜 이러니? 하느님이 그렇게 해도 된다고 하셨다고 선생님이 말씀하시던?" 엄마가 말합니다. 그러자 익성이가 대답합니다. "잠깐만요, 하느님은 우리 마음에 사신데요. 그러니까 지금 마음에 사는 하느님에게 여쭤보고요. 아! 하느님이 그렇게 해도 된데요." 그때는 참 재미있는 대답이라고 생각했지만, 우리가 신들과 직접 대화할 수 있다고 한다면 어떤 일이 벌어질까요? 역사 속에서 찾을 수 있는 수많은 종교전쟁들을 떠올리면 전혀 재미있지 않습니다. 십자군 전쟁이 그렇고, 9·11 테러가 그랬듯이, 수많은 인명 피해를 낳고서도 하느님과 알라 신이 시킨 일이라고 말할 수 있기 때문입니다.

순임금이 소호(少昊)의 후손인 중(重)과 고양(高陽)의 후손인 려(黎)에게 '땅이 하늘과 통하는 것을 끊으라'고 명령한 이유는 뭘까요? 고대 국가의 성립이라는 점에서 본다면, 정치와 종교가 일치된 원시사회에서 벗어났다는 점을 선포한 것으로 볼 수 있습니다. 이 사건을 부정적으로 본다면, 모든 사람이 각자 하느님을 모실 수 있는 평등한 사회가 끝나고, 임금을 통해서만 하느님을 모실 수 있는 신분사회가 만들어졌다고 할 수 있습니다. 긍정적으로 본다면, 모든 사람이 동의할 수 있는 이성에 토대를 둔 보편적 질서가 확립되었다고 할 수 있습니다.

공자는 주나라에게 멸망한 은나라 후손으로 알려져 있습니다. 그런 그가 주나라 문화를 회복하자는 반(反)민족적 주장을 한 것은 이해하기 힘듭니다. 그런데 주나라 문화가 신의 통치에서 벗어나고자 하는 과정에서 만들어진 것이라는 점을 생각한다면 공자의 주장을 이해할 수도 있습니다. 실제로 공자는 귀신이라든가, 이상한 일들에 대해서는 말하지 않았다고 합니다.

> 계로(季路)가 귀신(鬼神)을 섬기는 일에 대해서 물었다. 공자는 이렇게 대답했다. "아직 사람도 섬길 수 없는데, 어떻게 귀신을 섬길 수 있겠는가?" 또 "죽음에 대해 감히 물으려고 합니다"라고 하자, "아직 삶도 모르는데, 어찌 죽음을 알겠는가?"라고 대답했다.
>
> (《논어》〈선진〉 11)

작품으로 돌아가 봅시다. 도교의 영향을 받았으므로, 이 이야기는 선계(仙界)와 인간계(人間界) 두 개의 세계가 있다는 데서부터 출발합니다. 그런데 선계의 신선과 도사, 요괴들이 인간계를 어지럽힙니다. 특히 문무(文武)를 겸비했다고 칭송받았던 주왕이 요괴 달기에게 홀려 인간계가 혼란스럽게 되었다고 설명합니다. 왕조 교체와 같은 역사적 사건은 언제나 복잡한 요인과 과정을 거칩니다. 그런데 그런 것들을 정확하게 이해하지 못하면 비범한 능력을 가진 선계의 존재들 때문이라고 생각할 수밖에 없습니다. 그리고 그런 데서 전설이 만들어지기 시작합니다.

역사 기록에 따르면, 달기는 유소씨(有蘇氏)라고 하는 제후의 딸입니다. 은나라의 공격을 받자, 유소씨가 주왕의 환심을 사기 위해 그녀를 후궁으로 바쳤다고 기록되어 있습니다. 그런데 《봉신연의》에서는 달기를 구미호로 묘사합니다. 사당에서 여신(女神)인 여와(女媧)의 아름다운 모습을 그린 초상을 본 주왕이 음탕한 생각을 하자, 이를 알고 분노한 여와가 구미호를 보내 달기를 잡아먹게 한 다음, 그 모습으로 둔갑하도록 했다는 것입니다. 이 구미호가 주왕에게 가서 끝끝내 은나라를 망하게 만들었다는 것이 《봉신연의》가 제시하는 은나라와 주나라의 왕조 교체 원인입니다.

뛰어난 임금이었던 주왕이 구미호에게 홀려 주지육림(酒池肉林 ; 술로 채운 연못과 안주로 채운 숲)을 만들고, 포락지형(炮烙之刑 ; 쇠기둥 위에서 통째로 굽고 지지는 형벌)이라는 가혹한 형벌을 했다는 것은 어떻게 봐도 신화적입니다. 달기가 이런 일들을 주도했기 때문에 구미호라고 보는 것도 신화적입니다. 합리적으로 본다면 국력이 미약해서 후궁으로 들어갈 수밖에 없었던 달기가 주왕을 타락시켰고, 주왕에게 불만을 품고 있었던 서백(西伯 ; 훗날 주나라 문왕) 등의 제후들이 이 틈을 노려서 반란을 일으켰기 때문에 왕조 교체가 이루어졌다고 할 수 있습니다.

믿음은 우리가 불완전한 존재라는 생각에서부터 출발합니다. 그래서 종교는 겸허한 자기 이해의 표시라고도 할 수 있습니다. 하지만 언제나 그렇듯이 배타적인 독선과 믿음은 윤리 이하, 이성 이전의 전설을 만듭니다. 그래서 수많은 희생을 내고서도 전혀 양심의 가책을 받지 않게 됩니다. 이런 점에서 봉신(封神)은 사실상 자기 내면의 불안함, 그리고 그것을 잠재우려고 하는 욕망을 봉인해야 한다는 점을 신화적으로 설명한 것으로 볼 수 있습니다.

역사 인식과 참여는 왜 중요한가?

우리는 모두 어떤 방식으로든 역사에 참여합니다. 역사라는 커다란 수레바퀴의 방향을 설정하기도 하고, 그 수레바퀴를 밀기도 하면서 말입니다. 동양사상에서 강조하는 목표 가운데는 '입신양명(立身揚名)'이라는 것이 있습니다. 그 뜻은 '몸을 바로 세워서 이름을 드날린다'는 것인데, 이것도 우리가 어떤 방식으로든 역사에 참여해야 한다는 것을 강조한 것입니다. 우리들은 흔히 이 말을 출세(出世)라는 말과 같은 것으로 생각합니다. 그런데 출세는 다른 사람의 위에 선다는 것을 뜻하지만은 않습니다. 세상에 나와서 자신의 역할을 하는 것이 출세요, 입신양명입니다. 특히 지식인들이 역사 속에서 자신의 역할을 다해야 한다는 점으로 말한다면, 이것은 권리라기보다는 의무입니다.

"파란 녹이 낀 구리거울 속에/ 내 얼굴이 남아 있는 것은/ 어느 왕조의 유물이기에/ 이다지도 욕될까." 윤동주 시인의 〈참회록〉이라는 시의 한 구절입니다. 시인은 오랜 역사의 거울에 자신의 삶을 비추어 성찰합니다. 그리고 오욕(汚辱)으로 점철된 민족의 역사가 자신과 무관하지 않다는 것을 인식합니다. 그러나 시인의 인식은 자아성찰조차도 부끄럽다는 참회를 거쳐, 지식인으로서 책임감을 통감하는 데로 나아갑니다. 이렇게 지식인들에게는 개인적인 반성조차도 언제나 역사적 현실과 깊게 관련되어 있습니다. 이것이 우리의 오랜 전통입니다.

동양사상에서 역사 인식은 문학, 그리고 철학과 함께 인문학의 핵심이 되는 주제입니다. 그러므로 지식인들의 현실 참여 방식, 곧 처세(處世)도 언제나 역사 속의 존재로서 자신을 인식하는 데서부터 출발합니다. 그래서 맹자는 이렇게 말했습니다.

> 백이(伯夷)는 눈으로 나쁜 빛을 보지 않으며, 귀로 나쁜 소리를 듣지 않고, 제대로 된 임금이 아니면 섬기지 않으며, 제대로 된 백성이 아니면 부리지 않았다. 세상이 다스려지면 나아가고 혼란하면 물러가서(治卽進 亂則退), 나쁜 정치가 나오는 곳과 나쁜 백성이 머무는 곳에는 차마 거처하지 못했다. (《맹자》〈만장〉하1)

백이는 동생인 숙제(叔弟)와 함께 무왕을 가로막은 성인(聖人)으로 유명합니다. 그들은 고죽국(孤竹國)이라는 작은 나라의 왕자들로, 서로 왕위를 미룰 정도로 도덕을 생명처럼 소중히 여기는 현자들이었습니다. 서백이 죽자, 그의 아들인 희발(姬發; 훗날 주나라 무왕)은 아버지의 상(喪)을 아직 마치지 않은 채 은나라 원정길에 올랐습니다. 이때 백이와 숙제가 나타나 희발의 말고삐를 잡으며 정벌을 만류했습니다. 이들은 비록 폭군이라 하더라도 그의 신하인 제후가 군주를 정벌하는 일은 있을 수 없는 일이라는 점, 더구나 아버지의 상을 마치지 못하였다는 점을 들어서 은나라의 정벌을 반대했습니다. 그러나 그들의 주장이 받아들여지지 않자, 수양산(首陽山)에 들어가 고사리를 캐어 먹다가 일생을 마쳤다고 합니다.

백이와 숙제의 고사에서 나온 것이 '치세에는 나아가고, 난세에는 물러난다'는 '치즉진 난즉퇴(治則進 亂則退)'의 처세입니다. 물러날 때 주로 많이 대는 핑계가 병(病)이기 때문에 칭병(稱病)이라는 말이 있을 정도였습니다.

'치즉진 난즉퇴'를 실천한 또 다른 인물로는 기자(箕子)가 있습니다. 기자는 주왕 당시의 왕족이면서 성인으로 추앙 받았습니다. 주왕 곁을 떠나지 못하고 내내 주왕에게 옳은 말을 하던 그는 자신의 청이 받아들여지지 않자 머리를 풀고 미친 체합니다. 그리고 끝내는 국외로 추방당합니다.

좀 더 적극적인 측면에서 '치즉진 난즉퇴'를 실현했던 인물로는 주왕의 형이었던 미자(微子)를 들 수 있습니다. 미자는 이복동생인 주왕을 자신이 통제할 수 없다는 것을 깨달은 후, 곧바로 물러나 목숨을 보존했습니다. 그리고 주왕이 몰락한 후 주왕을 대신해서 무왕에게 은나라를 바쳤습니다. 그것이 은나라의 왕족으로서 자신이 해야 할 일이라고 생각했기 때문입니다. 우리나라로 말하면, 조선의 사림(士林)이 여기에 해당합니다. 성군(聖君)의 치세 때에는 자신이 생각하는 정치적 이상을 마음껏 펼치지만, 난세를 만나거나 실각하였을 때는 고향으로 내려가 후학을 가르치면서 다음 기회를 기다렸기 때문입니다.

그런데 난세를 만나서도 자신의 책임을 통감하고, 현실의 정치에 적극적으로 참여한 인물들도 있습니다. 이들의 처세를 '치즉진 난역진(治卽進 亂亦進)'이라고 합니다. 지식인으로서 확고한 자기의식과 책임의식이 확립된 경우라야 이렇게 할 수 있습니다. 대표적인 인물로는 걸왕(桀王)과 성탕(成湯; 탕왕)에 걸쳐 두 왕조를 섬긴 이윤(伊尹)을 들 수 있습니다. 그는 성탕의 추천으로 하나라 마지막 왕인 걸왕을 모시려고 했지만 거절당하자, 성탕을 도와 걸왕을 쳐부수고 은나라를 세우는 데 큰 공을 세웠습니다. 그리고 성탕 사후에 왕위에 오른 태갑(太甲)이 무도한 행위를 하자, 동(桐) 땅으로 유배 보냈다가 3년 후에 다시 왕위에 올렸습니다.

이윤이 말했다. "누구를 섬긴들 임금이 아니며, 누구를 부린들 백성이 아니겠는가." 그래서 세상이 다스려져도 나아갔고, 혼란해도 나아가서(治卽進 亂亦進) 이렇게 말했다. "이 백성을 낳고서는, 먼저 아는 사람으로 하여금 나중에 아는 사람을 깨우치게 하며, 먼저 깨닫는 사람으로 하여금 나중에 깨닫는 사람을 깨우치게 하는 것이니, 나는 하늘이 낸 백성 중에서 먼저 깨달은 사람이므로, 장차 이 도(道)를 가지고 이 백성을 깨우치겠다." 그래서 천하의 백성들 가운데 하찮은 사람이라고 할지라도 요(堯)임금과 순(舜)임금의 혜택을 입지 못한 사람이 있으면, 마치 자기가 그를 밀어서 도랑에 빠뜨린 것처럼 생각했으니, 그는 스스로 천하의 중책을 담당한 것이다.

(《맹자》〈만장〉하 1)

작품으로 돌아가 봅시다. 어리바리한 도사 태공망은 강태공(姜太公)입니다. 그의 조상이 우(禹)임금 때 홍수를 다스리는 일에 공을 세웠으므로, 여(呂) 땅에 분봉되었습니다. 그래서 여상(呂尙) 또는 여망(呂望)이라고도 불렸습니다. 그는 젊었을 때부터 학문에 정진했지만 등용되지 못해서 불우한 삶을 보내고 있었습니다. 그의 궁핍한 생활과 관련한 여러 가지 고사가 전합니다.

날품팔이를 해서 강태공을 먹여 살리던 아내가 일을 나가면서, 비가 오거든 펴놓은 보리를 들여놓아달라고 부탁했습니다. 방 안에서 글을 읽던 태공은 건성으로 "그러마"라고 대답했는데, 대낮에 소나기가 한 줄기 지나갔는지도 모르고 책만 읽고 있었습니다. 뒤늦게 돌아온 아내는 이것을 책망하고는 태공을 버리고 집을 나갔습니다. 혼자가 된 태공은 반계라는 곳에서 매일 곧은 낚시 바늘을 드리워 세월을 낚고 있었습니다. 이때 마침 인재를 찾던 서백을 만났는데, 오늘날 낚시꾼을 강태공이라고 부르게 된 것은 이 고사에서 비롯된 것입니다.

한편, 강태공이 재상이 되자 집을 나가 막일꾼과 재혼했던 전처가 찾아와 재결합을 요구합니다. 그러자 강태공은 그릇의 물을 쏟아 버린 다음, 그녀에게 다시 주워 담으라고 합니다. 그리고는 그들의 사이가 마치 엎질러진 물과 같으니 다시 합칠 수가 없다고 말합니다.

강태공이 아내를 버린 이 이야기는 이후에 여러 아류작을 낳았는데, 이런 형태의 설화를 기부형(棄婦型) 설화라고 합니다. 이 기부형 설화는 여성의 재혼을 금지하고 정절 관념을 고취하려는 의도 때문에 널리 유포되었을 것으로 추정됩니다.

《봉신연의》에서는 은나라와 주나라의 전쟁을 마치 트로이 전쟁처럼 신과 인간이 뒤섞인 전쟁으로 묘사하고 있습니다. 이 전쟁에서 강태공은 신통한 도술로 은나라의 장군과 신들을 굴복시켜 마침내 주나라가 천하의 주인이 되도록 합니다. 그리고 제후국인 제나라의 임금에 봉해집니다. 은나라의 이윤이나 주나라의 강태공 등 건국 영웅의 조력자들에 대한 신화는 나름대로 하나의 이야기 유형을 형성하여 후세에 계승되었습니다. 임금을 보좌한 유능한 책사(策士)들의 이야기가 그것인데, 한고조와 장량, 유비와 제갈량 이야기 등은 이윤과 강태공 신화의 맥락을 잇고 있습니다. 그리고 그것은 언제나 지식인의 현실 참여와 깊은 관련이 있습니다.

정치는 어떻게 해야 하는가?

절지천통과 지식인의 사회참여 문제는 정치(政治)라는 큰 주제로 묶을 수 있습니다. 역사에서 폭군들로 묘사되는 인물들은 화려하고 사치스러운 궁궐을 건축하는 일을 벌입니다. 그리고 그 일에 동원되는 민중들은 폭군이 죽어서 자신들의 고통이 멈추기를 하늘에 바랍니다. 그러나 폭군은 민중들의 원망에는 아랑곳하지 않고 개인적인 쾌락에만 치중함으로써 자멸합니다. 그래서 폭군과 그 쇠망의 역사에는 거대한 궁궐과 여인이 등장합니다. 이 둘은 폭군의 사치와 쾌락을 단적으로 드러내는 소재입니다.

한나라 때의 학자 가의(賈誼, B.C. 200~B.C. 168)가 쓴 《신서新書》에는 주왕의 왕궁 모습이 상세하게 묘사되어 있습니다. 주왕은 녹대(鹿臺)라는 궁궐을 7년에 걸쳐 지었는데, 건물 길이가 3리(1.3킬로미터), 높이가 1천척(300미터)을 넘어 구름이 내려다보일 정도였다고 합니다. 이외에도 경실(瓊室)과 요대(瑤臺)라고 하는 옥으로 치장한 궁궐을 지었으며, 사구(沙丘)라는 정원을 조성하여 진기한 짐승들을 수집해 풀어 놓았다고 합니다. 《사기史記》〈은본기殷本紀〉에 따르면, 주왕은 이곳에서 사연(師涓)이라는 악사를 시켜 '미미지악(靡靡之樂)'이라는 음탕한 노래를 작곡하게 했고, 그것에 어울리는 '북리지무(北里之舞)'라는 음란한 춤을 추게 했다고 합니다.

그런데 맹자는 이렇게 말합니다.

맹자께서 양혜왕(梁惠王)을 뵈러 가자, 왕이 연못가에 서 있다가 크고 작은 기러기들과 크고 작은 사슴들을 돌아보며 말했다. "어진 사람도 이런 것들을 즐기는지요?" 맹자께서 대답하셨다. "어진 사람이 된 후에야 비로소 이런 것들을 즐길 수 있으니, 어질지 못한 사람은 비록 이런 것들을 가지고 있더라도 즐기지 못합니다. …옛사람들은 백성들과 함께 즐겼기 때문에(與民偕樂), (진정으로) 즐길 수 있었던 것입니다. 〈탕서湯誓〉에서 말하기를, '이 태양은 언제 없어질꼬? 내 너와 더불어 망하련다'라고 했습니다. 그러니 백성들이 그와 함께 망하고자 한다면 비록 대(臺)와 연못, 새와 짐승 등을 가지고 있더라도 어찌 홀로 즐길 수 있겠습니까?"

(《맹자》, 〈양혜왕〉 상 2)

맹자의 말 가운데서 우리의 눈길을 끄는 것은 '백성들과 함께 즐겼기 때문에(與民偕樂)'라는 부분입니다. 어진 사람도 사람입니다. 그래서 좋아하는 것이 있고, 싫어하는 것이 있습니다. 다만 그런 것들을 언제 표현해야 하는지, 어떻게 충족시키는지를 잘 아는 것입니다. 하지만 어질지 못한 사람들은 그런 것들을 잘 모릅니다. 그러므로 누가 죽거나 말거나, 자신의 욕구를 채우려고만 할 뿐입니다. 물론 본능적 욕구라는 면에서 본다면 우리는 이기적입니다. 그런데 우리들이 모두 이기적으로 산다면, 결국은 힘센 사람만 남습니다.

정치는 여기에서 출발합니다. 정(政)이라는 글자는 바를 정(正)과 등글월 문(攵)을 합쳐, 나라를 다스리는 일을 뜻합니다. 우리들의 이기적인 욕구들을 바로 잡도록 채찍질하는 것이 정치라는 말입니다. 그런데 그 정치를 하는 사람이 오히려 이기적이라면, 백성들은 그가 빨리 망하기를 바랄 것입니다. 반대로 자신과 백성들의 욕구를 인정하고, 백성들과 함께 그것들을 누린다면 그것이 바로 정치가의 명분이 되는 셈입니다.

우리가 신앙하는 신은 인간 역사에 개입하지만, 그 이유는 오로지 우리들을 모순된 현실에서 구원하기 위해서입니다. 다른 말로 하면, 우리는 우리가 믿는 신이 자신의 이익을 위해서가 아니라 우리를 위해서 애쓴다고 믿기 때문에, 그를 믿는 것입니다. 우리들 인간의 역사와 현실은 사실 승자들이 독점하고 있습니다. 신하된 자로서 천자인 주왕을 정벌할 수 없다는 명분에 갇혀 있던 서백도 마찬가지입니다. 그는 주왕의 계략에 빠져, 아들 백읍고(伯邑考)의 살을 먹을 수밖에 없었습니다. 서백의 또 다른 아들인 희발도 마찬가지입니다. 아버지의 상(喪)을 치르지 않고, 정벌에 나섰다는 점에서 명분이 없기는 마찬가지였습니다.

그런데 맹자는 이렇게 말합니다.

> 제선왕(齊宣王)이 물었다. "탕(湯)이 걸(桀 ; 하나라 마지막 임금)을 추방하고, 무왕(武王)이 주(紂 ; 은나라 마지막 임금)를 정벌했다고 하니 그런 일이 있습니까?" 맹자께서 대답했다. "그런 말이 있습니다." "신하가 자기의 임금을 시해해도 됩니까?" "인(仁)을 해치는 자를 적(賊)이라고 하고, 의(義)를 해치는 자를 잔(殘)이라고 합니다. 잔적(殘賊)하는 사람을 하찮은 사내(一夫)라고 말합니다. 그러므로 하찮은 사내인 주(紂)를 죽였다는 말은 들었어도 임금을 시해했다는 말은 듣지 못했습니다."
>
> 《맹자》〈양혜왕〉하 8)

맹자는 이 한 마디 때문에 두고두고 유학사에서 비판을 받았습니다. 공자가 지켜내려고 했던 인륜 질서를 때로는 뒤집어도 된다는 혁명론을 주장했기 때문입니다. 하지만 맹자의 말을 들여다보면, 공자의 주장과 꼭 반대되는 것만은 아닙니다. 맹자는 여민해락(與民偕樂), 곧 백성과 함께 즐긴다는 원칙을 지키지 못하는 임금은 더 이상 임금이 아니라고 말했습니다. 이것은 공자의 정명론(正命論)과 꼭 같습니다.

이 이야기의 제목을 '신(神)들을 필요로 하지 않는 사람들의 이야기'라고 정한 이유는 여기에 있습니다. 역사의 수레바퀴가 굴러갈 방향을 잡는 지식인들은 가끔 신(神)을 변명거리로 이용하기도 합니다. 동양사상에서는 이 점에 주목합니다. 관계를 맺고 살아가야 하는 인간계에서 힘의 논리가 작용하는 것은 당연한 일입니다. 완전한 평등은 이 세상에 없는 곳(u-to-pia)에서나 실현될 이상입니다. 하지만 우리는 이 이상을 꿈꿉니다. 그리고 그것은 언제나 자기보다는 타인을 먼저 배려하거나, 적어도 그런 마음으로 타인과 자기를 동일하게 취급할 때 실현됩니다.

은나라는 고대 중국에서 동방 세력에 해당합니다. 주나라는 서방 세력의 대표로, 오늘날 중국 민족의 직접 조상입니다. 은나라 문화는 샤머니즘을 바탕으로 종교적, 신비주의적 경향이 강했습니다. 주나라 문화는 현실적이고 인문주의적 성향이 강했습니다. 이렇게 본다면 은나라와 주나라의 왕조 교체는 단순한 왕조 교체 이상의 의미가 있습니다. 정치·문화적으로는 다원주의에서 일원주의로 변화했음을 뜻하기 때문입니다. 실제로 주나라가 성립한 후에 중국은 한족(漢

族) 중심의 중화주의(中華主義)를 확립했습니다. 그리고 주나라의 등장은 중국에서 인문주의와 합리주의가 등장할 수 있도록 했습니다. 물론 이때 등장한 인문주의와 합리주의는 소박하지만 휴머니즘의 실천 이데올로기인 유학으로 전개되었습니다.

《봉신연의》는 난세를 사는 지식인의 이야기를 판타지적 요소를 섞어 재해석한 작품입니다. 마침 당시에 유행하던 설화라는 형식을 빌려서 재해석했기 때문에 민중들이 손쉽게 접할 수 있었습니다. 〈선계전 봉신연의〉는 여기에 SF적 모티브를 가미함으로써 젊은 세대의 호응을 얻을 수 있었습니다. 우리는 우리가 사는 오늘날을 지식기반사회라고 말합니다. 그 말은 곧 우리들 모두가 지식인이라는 것을 뜻합니다. 그러므로 우리는 어떤 종교를 가지고 있든지, 우리가 사는 세상에 대한 무거운 책임을 가지고 있다는 점을 알아야 합니다. 그것이 또한 모두가 주권을 가지고 있다는 현대 민주주의의 이상입니다.

3
너무도 현실적인 사람들의 비현실적인 이야기
환상마전 최유기

원작 : 幻想魔傳 最遊記(2000)
감독 : 다테 유우토

✣ **등장인물**

현장삼장법사(금선) : 부모도 모른 채 물가에 버려진 아이를 스승이자 아버지인 광명삼장이 데려다 키움. '현장'이라는 법명을 받기 전까진 '홍류'라는 이름으로 불림. 성천경문과 마천경문의 계승자가 되었으나, 눈앞에서 스승인 광명삼장이 죽고 성천경문을 도난당했기 때문에 경문과 스승의 원수를 찾아 나섬. 우마왕 소생 실험을 저지하라는 관세음보살의 명령에 의해 손오공, 사오정, 저팔계와 함께 천축국으로 향함.

손오공(오공) : 바위 위에서 태어난 요괴도 인간도 아닌 이단적인 존재. 위험하다고 여겨져 하계에서 천계로 잡혀옴. 500년 전, 천계에서 많은 우정을 얻었지만, 큰 죄를 지어 바위산에 봉인됨. 삼장에 의해 감옥의 봉인을 풀게 되지만, 천계의 기억은 봉인되어 있음.

사오정(권렴) : 요괴 아버지와 인간 어머니 사이에서 태어나 슬픈 어린 시절을 보내게 됨. 계모한테 죽임을 당할 뻔하지만, 이복형이 저지하여 결과적으로 계모는 죽고 오정이 살아남게 됨. 자신을 위해 어머니를 죽인 죄책감을 가지고 있음. 이후 혼자서 살아왔지만, 부상당한 팔계를 도와 간호하면서 삼장 일행과 만나게 됨.

저팔계(천봉) : 원래는 저오능이라는 이름의 인간이었음. 자신의 누나 화남과 사랑을 함. 화남이 백안마왕에게 잡혀가 요괴의 아이를 가지고 자살하게 되자 백안마왕 일족을 몰살시켰으며, 그로 인해 천 마리의 요괴의 피를 뒤집어쓰면 요괴가 된다는 소문을 입증함. 오정과 삼장에 의해 구해져 저팔계라는 이름을 받고 새로운 인생을 시작함.

홍해아 : 우마왕과 나찰녀 사이의 아들. 옥면공주의 계략에 의해 정략적으로 우마왕 소생 실험에 가담함. 독각시, 배 다른 동생 이린과 약사인 야오네와 한 팀을 이루고 있음.

호무라 : 최후의 적으로, 천계인임. 제2대 투신태자를 이어감. 경문을 탈취하고, 손오공을 이용해 새로운 세계를 만들려는 음모를 꾸미고 있음.

니건일 : 옥명공주 밑에서 우마왕 소생 실험에 가담하고 있는 뛰어난 머리의 과학자. '오곡'이라는 별명을 가지고 있는 전직 삼장법사.

스토리 라인

　서역 천축으로 여행을 하던 현장삼장, 손오공, 저팔계, 사오정이 여행 도중에 하늘을 날아다니는 요괴에게 습격당하고 있는 보우란이라는 소녀를 구하면서부터 이야기가 시작된다.

　원래 도원경에서는 인간과 요괴가 공존하면서 평화롭게 살았는데, 500년 전에 투신(鬪神) 나타태자에 의해 천축국 폐등성에 봉인된 대요괴 우마왕을 소생시키려는 자들이 나타난다. 니건일과 우마왕의 첩인 옥명공주는 금기시된 우마왕의 소생 실험인 '화학과 요술의 합성'을 이용해 우마왕의 부활을 꾀하려 한다. 이로 인해 도원경 전체에 음파 파동이 일어나고, 요괴들이 광포해져 인간들을 해치게 된다.

점점 혼란해져 가는 도원경을 심각한 사태로 파악한 관세음보살은 현장삼장에게 손오공, 사오정, 저팔계를 데리고 서역 천축으로 향하도록 명한다. 이렇게 해서 네 명은 우마왕의 소생 실험을 저지하기 위해서 서쪽으로 여행을 떠난다.

그때 우마왕의 소생 실험을 진행시키고 있던 니건일과 우마왕의 첩인 옥명공주는 우마왕 본처의 자식 홍해아 일당을 이용해서 삼장 일행을 위협한다. 그 일을 제대로 처리해주는 대가로 봉인되어 있는 홍해아의 어머니(우마왕의 본처)를 풀어주겠다고 제안한다. 하지만 홍해아는 자신이 하는 일에 대해 의심하게 되고 망설이게 되면서 오히려 삼장 일행과 가까워져 그들이 위험할 때 도움도 주게 된다.

원래 삼장 일행 네 사람은 500년 전부터 질긴 인연으로 묶여 있었는데, 천상계에서 죄를 지은 오공과 금선(삼장), 권렴(오정), 천봉(팔계)은 각각 기억을 봉인당한 채 하계에서 환생하게 된 것이다.

500년 전, 바위에서 태어난 이단아를 신들이 사는 천계로 잡아온다. 그는 관세음보살에게 오공을 맡아달라고 하는데, 마침 권태에 빠져 있는 금선동자가 관세음보살의 명으로 하계의 바위에서 태어난 신도 인간도 아닌 존재를 맡게 된다. 금선은 이 존재에게 오공이라고 이름을 지어주면서 삼장과 오공의 이야기가 시작된다.

오공은 천계에서 지내면서 권렴과 천봉, 나타와 친해지는데, 항상 표정도 없고 따분하기만 했던 금선은 오공과 지내면서 점점 권태에서 벗어난다. 한편, 나타는 살생을 금하는 천계에서 유일하게 살생을 허락 받은 존재인데, 나타를 투신태자로 만들면서 명예와 지위를 얻은 이탑천이 오공의 힘을 두려워해 오공을 죽이려고 한다. 손오공과 대적하는 또 다른 이는 나타태자를 잇은 제2대 호무라태자인데, 호무라 또한 오공을 이용

마계천장 주문을 외우는 현장삼장

해 새로운 세상을 만들려고 하지만, 결국 오공과의 결투에서 죽는다.
경문에는 마천경문, 성천경문, 무천경문, 공천경문, 인천경문 총 5가지가 있었는데, 현장삼장의 스승이었던 광명삼장이 마천경문과 성천경문을 가지고 있다가 살해당하면서 성천경문을 도난당한다. 마천경문은 현장삼장이 이어받았고, 무천경문은 오곡삼장법사였던 니건일이 가지고 있다. 나머지 두 개는 행방을 알지 못하다가 결말에 이르러 모든 경문을 찾게 된다.

심우(尋牛), 자기를 내려놓기 위해 찾다

천지가 섞여 있던 혼돈의 시대이지만, 인간과 요괴들이 공존하던 도원경(桃源境)에서 이 이야기는 시작됩니다. 본래 도원경은 도교의 이상향입니다. 그러므로 불경(佛經)을 구하러 천축(天竺)으로 가는 일행의 이야기가 시작되는 곳으로는 어쩐지 어색합니다. 그리고 그 도원경이 이상한 음파(音波)로 난폭해진 요괴들 때문에 위험하게 되었다는 이야기도 우리가 아는 것과는 좀 다릅니다. 하지만 복숭아나무 위에서 복숭아를 대놓고 따 먹는 오공이 등장하는 것은 그렇게 낯설지가 않습니다. 물론 그곳이 당나라의 수도 장안(長安), 어느 사찰이라는 점은 좀 낯설지만 말입니다.

오공을 나무라는 스님들에게 자초지종을 묻는 삼장은 금발 머리에 승복을 입고 있습니다. 지금까지 나왔던 《서유기西遊記》 관련 애니메이션 캐릭터 가운데서 가장 멋진 모습입니다. 그런 삼장은 오공을 나무라는 스님의 멱살을 잡는가 하면, 부채로 사정없이 오공을 때리기도 합니다. 그러던 그가 오공과 처음 만나던 날을 회상합니다.

"이봐! 계속 나를 부른 게 너냐?"
"에? 나, 아무도 안 불렀는데…당신은 누구?"
"거짓말 마라. 나한테는 계속 들렸단 말이다. 시끄러우니까 적당히 하는 게 어때? 이리와, 데리고 가줄 테니까…. 어쩔 수 없지."

하지만 이 인간미 넘치는 회상은 오래 가지 못합니다. 어느새 뒤따라오던 오공이 "기다려, 응 삼장! 어디 가는 거야? 응? 응? 응? 삼장!"이라면서 귀찮게 했기 때문입니다. 이 멋진 캐릭터의 삼장은 우리의 기대를 저버리지 않습니다. "그 이상 떠들면 죽여버리겠다!" 하지만 오공도 만만치 않습니다. "어디 가는지는 말해줘도 되잖아?" 요즘말로 까도남(까칠한 도시 남자)인 삼장은 그런 캐릭터에 딱 어울리는 표정으로 말합니다. "팔계와 오정을 만난다. 그리고…" 귀여운 소년 모습을 한 오공이 묻습니다. "그리고?" 그 대답은 자막이 대신합니다. "Go To The West(서쪽으로 간다)."

〈환상마전 최유기〉는 여류 만화가 미네쿠라 가즈야가 월간 《G판타지》에 연재한 만화를 원작으로, TV도쿄에서 25분 50화로 제작한 TV판 애니메이션입니다. 《서유기》에서 주연급 캐릭터와 기본적인 틀을 패러디 해왔습니다. 내용 전개 면에서는 원작보다도 하드코어적인 면을 많이 부각시켰기 때문에, BA-13(13세 이상 관람가) 등급을 받았습니다. 우리나라에서는 허영만 원작의 만화 〈미스터 손〉을 바탕으로 한 〈날아라 슈퍼보드〉라는 제목의 애니메이션이 KBS에서 BA-7(전체 관람가) 등급으로 1990년부터 2007년까지 방영된 일이 있습니다. 그런데 〈날아라 슈퍼보드〉에 비해서 하드코어적인 면이 많이 부각되기는 했지만, 이 작품은 스토리나 액션 묘사, 미남형 캐릭터 부각 등으로 호평을 받았습니다.

최유기 시리즈는 1999년부터 2007년까지 모두 두 개의 OVA(Original Video Animation)과 세 개의 TV시리즈로 나왔습니다.

- 1999년: OVA, 환상마전 최유기
- 2000년: TV시리즈, 환상마전 최유기
- 2001년: 극장판, 환상마전 최유기-선택 받지 못한 자의 진혼가
- 2003년: 두 번째 TV시리즈, 최유기 Reload
- 2004년: 세 번째 TV 시리즈, 최유기 Reload Gunlock
- 2007년: 두 번째 OVA, 최유기 Reload burial

이 작품들의 원작인 《서유기》는 중국 명나라 때의 장편소설입니다. 그동안 작가가 누군지 알 수 없었는데, 오늘날에는 오승은(吳承恩, 1500~1582경)이 지은 것으로 알려져 있습니다. 이 작품은 7세기의 스님인 현장(玄奘, 559 또는 602?~664)이 인도에 가서 불경을 가져온 역사적 사실을 바탕으로 했습니다. 작가가 그 내용을 장회소설(章回小說)로 만들

어냈을 무렵에는, 이미 민간 전설・화본(話本)・극(雜劇) 등의 형태로 중국 민간 문학의 일부가 되어 있었습니다.

소설 《서유기》는 100회로 구성되어 있는데, 크게 세 부분으로 나눌 수 있습니다. 7회까지는 원숭이 손오공(孫悟空)의 탄생과 천궁(天宮)에서의 난동, 그리고 그가 마술적 힘을 얻는 과정을 묘사하고 있습니다. 8회에서 12회까지는 삼장법사(三藏法師) 현장의 이야기와 그가 서역(西域)으로 가는 임무를 받게 된 과정을 설명하고 있습니다. 13회에서 마지막까지는 현장과 세 명의 동반자, 곧 마력을 지닌 손오공, 둔하고 덤벙거리는 저팔계(猪八戒), 약삭빠른 사오정(沙悟淨)이 81차례의 모험을 거친 끝에 결국 불경을 얻는다는 내용을 담고 있습니다. 《서유기》는 불교의 역사적 사실을 바탕으로 해서, 중국의 사회와 관료 제도를 암암리에 비판하는 도교적 색채를 가지고 있습니다.

《서유기》, 그리고 그것을 바탕으로 만든 애니메이션들은 기본적으로 로드 무비(Road Movie)적 성격을 띠고 있습니다. 로드 무비란 장소의 이동을 따라가며 이야기가 진행되는 영화나 장르를 가리키는 말합니다. 로드 무비는 여행하는 사람을 주인공으로 해서 길을 무대로 펼쳐지는 만큼, 기본적인 플롯의 마지막은 '성장'으로 마무리됩니다. 로드 무비의 두 가지 요소인 '길'과 '떠남'은 어디에도 속하지 않은 채 무언가를 발견하는 과정을 암시하기 때문입니다.

생각이 여기에 이르니까 문득 심우도(尋牛圖)가 생각납니다. 심우도는 12세기 중엽 중국 송나라 때 확암선사(廓庵禪師)가 그렸다고 하는데, 청거선사(淸居禪師)가 처음 그렸다는 설도 있지만 명확하지 않습니다. 우리나라에는 송나라 때 제작된 확암본과 보명본이 전해졌는데, 오늘날에는 확암본이 널리 그려지고 있습니다. 심우도는 십우도(十牛圖)라고도 하는데, 자기의 본성을 찾아 수행하는 열 개의 단계를 그림으로 표시한 것입니다. 그러므로 여기서 동자나 스님이 찾아다니는 소는 결국 자기 자신인 셈입니다. 중국에서는 소 대신 말을 그려 넣기도 하고, 티베트에서는 코끼리를 그려 넣기도 했습니다.

힌두교 베단타 사상가인 비베카난다(Swami Vivekananda, 1863~1902)는 우리 마음을 전갈에 찔린 미친 원숭이라고 표현했습니다. 그런데 심우도에서는 잃어버린 소를 찾아서 돌아오지만, 결국에는 찾았다고 생각한 소도, 그렇게 생각하는 사람도 없다는 결론에 이릅니다. 그리고 거기서 한 걸음 더 나아가서 '있는 그대로의 세계'와 그 속으로 다시 들어가는 행각승의 모습이 그려집니다. 결국은 내려놓아야 할 자기를 찾아 나섰다는 말입니다. 중국에 들어온 불교도 마찬가지입니다. 중국 불교는 현실과 비현실의 경계선 위에서 길을 떠났다가 다시 현실로 들어섭니다.

이제 중화주의(中華主義), 격의불교(格義佛敎), 불립문자(不立文字)라는 주제로 이 작품을 들여다볼까요.

중화주의는 무엇인가?

우리는 우리가 살고 있는 이곳이 세상의 중심이라고 생각합니다.

미국이 세계의 중심이라는 것은 미국인의 생각입니다. 우리는 우리나라가 세계의 중심이라고 생각합니다. 서울이 우리나라의 중심이라는 것은 서울 사람의 생각입니다. 제주에 사는 사람은 제주가 우리나라의 중심이라고 생각합니다.

시간도 마찬가지입니다. 우리는 과거-현재-미래라는 시간이 있다고 생각합니다. 그러나 사실 우리는 늘 과거와 미래의 중심인 현재를 살고 있습니다. 그리고 그 현재라는 시간은 우리의 삶을 따라 언제나 변하는 중입니다. 한 시간 전에는 그것이 현재였던 것이, 한 시간이 흐른 뒤에는 한 시간 전의 과거가 됩니다.

이렇게 우리는 언제나 우리가 머무는 시간과 공간을 중심이라고 생각합니다. 그러므로 시간과 공간의 중심은 무한합니다. 가끔 이것들은 겹치기도 하고, 서로 충돌하기도 합니다. 하지만 이 다양한 중심들은 서로 모순되지 않습니다. 쉽게 말하면 이렇습니다. '지구는 둥글다. 그래서 사실은 어디가 위인지, 어디가 아래인지 알 수 없다.' 예컨대, 북위 37.5도 동경 126.9도에 위치한 우리나라 서울에서 아래로 땅을 파들어 가면 어디에 도착할까요? 남위 38도, 서경 52.4도인 우루과이 몬테비오 앞바다가 나온다고 합니다. 우스운 상상이지만 서울과 몬테비오 사람들은 서로 거꾸로 서 있는 셈입니다.

"섬의 부족한 흙으로 할아버지를 묻고 사람들은 돌아갔다/ 통통배로/ 직행버스로/ 고속버스로/ 택시로/ 혹은 비행기로/ 모두들 일이 밀렸다고, 목포로, 광주로, 부산으로, 혹은 서울로, 혹은 엘에이로." 황지우 시인의 〈여정〉이라는 시의 한 구절입니다. 할아버지가 돌아가셨다는 완도 무선국에서 걸려온 시외전화는 시인과 시인의 가족들을 고향으로 불러 모읍니다. 각자가 출발한 곳들만큼이나 서로 다른 이들은 모두 한 할아버지에서 나온 가족들입니다. 하지만 '제각기 뻗어나간 삶의 꼬락서니는 천양지간이다'라고 말하는 이들은 장례를 끝내고 각자의 중심으로 돌아갑니다. 전라남도 완도군에 부속된 섬은 이들이 살아가는 목포와 광주, 부산, 서울, 그리고 엘에이를 하나로 묶어 주는 중심입니다. 이렇게 한 개의 중심은 다른 중심에서 비롯되었고, 그 중심은 또 다른 중심에로 연결됩니다. 곧 우리가 사는 이 시간과 공간은 중심이 얼기설기 얽혀 있는 그물망과 같습니다.

중화주의(中華主義, Sinocentrism)란 중국에서 나타난 자문화중심주의 사상입니다. '중화(中華)'는 세계의 중심에 문화의 꽃을 피운 우수한 나라라는 뜻입니다. 이 중화 외에는 오랑캐로 여겨 천시하고 배척하기 때문에 화이사상(華夷思想)이라고도 합니다. 화이(華夷)라고 하지만, 이(夷)는 하(夏) 또는 화(華)를 중심에 두고 그 동쪽의 이민족을 가리키는 말입니다. 서쪽은 융(戎), 남쪽은 만(蠻), 북쪽은 적(狄)이라고 했는데, 이 글자들의 훈(訓)은 모두 오랑캐입니다.

그런데 어디까지를 중국으로 보느냐 하는 문제는 시대와 문헌에 따라서 조금씩 다릅니다. 공자가 쓴 역사서로 알려진 《춘추》의 해설서에는 〈좌씨전左氏傳〉과 〈곡량전穀梁傳〉, 그리고 〈공양전公羊傳〉 세 가지가 있습니다. 〈좌씨전〉에서는 중화를 중원 일대와 한(韓)나라로 보았습니다. 그래서 중국을 통일한 진(秦)나라를 서쪽 오랑캐로, 초(楚)나라와 오(吳)·월(越)나라를 남쪽 오랑캐로 보았습니다. 이에 비해서

〈공양전〉에서는 노(魯)나라와 제(齊)나라를 중국으로 보았는데, 원래 하나라 민족의 지역이었던 진(晉)나라조차도 이적(夷狄)의 풍습에 물든 나라로 보았습니다. 한편 〈곡량전〉에서는 제(齊)나라를 동이(東夷)의 풍습에 물든 나라로 보았습니다. 이런 화이론(華夷論)은 송나라 때의 주자(朱子, 1130~1200)에게도 그대로 이어집니다.

> 사람에게는 가리고 막혀도 통할 수 있는 이치가 있다. 짐승에게도 성(性)이 있지만, 형체에 갇혀 아주 심하게 가리고 막힌 것을 타고나, 통할 수 있는 곳이 없다. 호랑이와 이리에게는 인(仁)이 있고, 승냥이와 수달은 제사지내고, 벌과 개미에게 의리가 있다고 하는 경우는 그래도 조금은 통하는 것이 있다. 이것은 마치 조그만 틈으로 내비치는 빛에 비유할 수 있다. 원숭이는 생김새가 사람과 비슷하여 다른 것에 비해 가장 영묘하지만, 다만 말을 할 수 없다. 오랑캐는 사람과 짐승 사이에 있기 때문에, 끝내 고치기 어렵다.
> 《주자어류》〈인물지성기질지성〉 11)

주자는 사람을 비롯한 모든 존재가 원리와 에너지의 결합에 의해 만들어진다는 점에서 같다고 생각했습니다. 그것이 성(性)인데, 여기서 말하는 성(性)은 태어나면서 가지게 되는 본질을 가리킵니다. 그런데 짐승에게도 이 성(性)이 있지만, 사람보다는 열등할 수밖에 없습니다. 가끔 짐승들이 사람처럼 도덕적 행위를 하는 듯이 보이지만, 그런 행동은 도덕적 행위라고 말할 수 없을 정도로 제한적입니다. 주자의 이런 주장은 인간의 도덕성이 타고나는 것이라는 유학의 전통을 이어받은 것입니다. 하지만 그 주장에도 화이론이 드러나 있습니다. 오랑캐를 사람도 짐승도 아닌 존재로 보았기 때문입니다.

작품으로 돌아가 봅시다. 소설 《서유기》에서는 삼장법사가 불경을 구하러 가는 길에 손오공을 비롯한 요괴들을 만나 굴복시킵니다. 도교적 영향을 받았기 때문에 이들을 요괴라고 표현했을 수도 있습니다. 하지만 실제로 천축(天竺)으로 가는 길, 곧 실크로드를 따라 인도로 불경을 구하러 가는 삼장법사 앞에 나타난 이들은 요괴가 아닌 이민족입니다. 그럼에도 불구하고 명나라 때의 작가는 이들을 요괴로 표현합니다. 요괴는 사람도 아니고 짐승도 아닙니다. 그러므로 이민족을 요괴로 표현한 것은 주자와 같은 생각을 했다는 것입니다.

애니메이션 〈환상마전 최유기〉는 이런 중화주의에서 살짝 비껴나갑니다. 비록 요괴라고 표현하지만, 도원경이라는 이상향에서는 인간과 요괴가 평화롭게 살았다고 말하기 때문입니다. 아마도 작가 자신이 한족(漢族)이 아닌 일본인이기 때문일 것입니다. 그리고 이 요괴들이 난폭해진 이유는 우마왕을 소생시키려는 실험 때문이라는 점도 눈여겨볼 만합니다. 요괴이기 때문에 위험한 것이 아니라, 외부의 영향 때문에 위험해진 것입니다. 이 애니메이션에는 이런 요소가 많이 등장합니다. 사오정은 인간인 어머니와 요괴인 아버지 사이에서 태어났습니다. 저팔계는 인간으로 태어났지만, 사랑하는 아내이면서 누이인 화남을 구하려고 천 마리의 요괴를 죽인 벌로 요괴가 되어버렸습니다.

오늘날 우리는 다원주의와 그것에 기초한 다문화주의를 이상적으로 생각합니다. 우리에게 익숙하지 않은 것들을 이상한 것으로 생각하는 것은 자기중심적입니다. 자기만이 중심이라고 생각하는 것은 독선과 배타주의로 이어집니다. 스타워즈 이전에는 외계인이 '아아~' 하는 외마디 소리밖에 내지 못하는 것으로 묘사되었습니다. 스타워즈에서는 외모는 인간과 다르지만, 그래도 인간과 의사소통이 되는 존재로 묘사됩니다. 서양인이 동양에 진출하기 전에는 동양을 외눈박이 거인과 용을 잡아먹는 새가 있는 곳으로 상상했습니다. 남북전쟁 이전의 미국에서는 흑인을 짐승과 같은 존재로 생각했습니다. 이런 것이 모두 자기중심주의, 자문화 중심주의에서 비롯된 오해입니다. 이 점에서 《서유기》와 〈환상마전 최유기〉는 다문화주의 사회에서 우리가 어떻게 다른 민족들을 이해해야 할 것인지를 한 번쯤 돌이켜볼 기회를 제공합니다.

의사소통은 왜 중요한가?

우리는 다른 사람들과 관계를 맺으면서 살아갑니다. 관계를 맺는다는 것은 내가 생각하는 것을 다른 사람에게 전달할 수 있다는 것을 뜻합니다. 그런데 내가 생각하는 것을 다른 사람에게 완벽하게 전달할 수 있을까요?

"넌 왜 하는 일마다 그 모양이니? 왜 그랬니?" 민성이의 눈에 눈물이 그득 고입니다. 답답합니다. 잘하려고 한 일인데, 왜 그런 일이 벌어졌는지 민성이도 모르기 때문입니다. 잘하고 싶었다고, 그런데 어쩌다 보니까 그렇게 되었다고 말하고 싶습니다. 그런데 눈물이 고이면서 가슴이 턱 하고 막힙니다. 그 순간 엄마가 이렇게 말합니다. "뭘 잘했다고 우는 거니? 잘못했으면 잘못했다고 말하고, 앞으로 조심하겠다고 하면 되지 않니?"

꾸짖으려고 시작한 일이 아닙니다. 칭찬은 고래도 춤추게 한다고 하지 않는가요? 그런데 아직 어린 아들에게 좀 더 배려하고, 주의해야 될 일이 있다는 것을 가르쳐주려면 혼내기도 해야 합니다. 그런데 아이는 머리를 푹 숙이고 눈물부터 흘리고 있습니다. 얘는 내가 하는 말을 알아듣고 있는 걸까요? 엄마는 또 이렇게 생각합니다.

사실 우리는 이렇게 다른 사람에게 자신이 생각하는 것을 완벽하게 전달하기 어렵습니다. 심지어는 자기 자신이 무슨 생각을 하고 있는지도 명확하지 않을 때도 있습니다. 하얀 눈을 한 번도 본 적이 없는 열대 원주민에게 하얀 눈을 설명한다고 해보죠. 가장 좋은 방법은 눈이 내리는 곳에 데려와서 눈을 보여주면 됩니다. 하지만 그럴 수 없다면 문제가 좀 복잡해집니다. "눈의 색깔은 하얘요. 저기 흰 꽃처럼 말이죠. 그리고 눈은 차요. 그래요 스콜로 흠뻑 젖었을 때 바람이 불면 쌀쌀하잖아요. 그것보다 훨씬 차서, 많이 맞으면 얼어요. 언다는 건…." 그나마 같은 말을 사용하면 쉽습니다. 원주민 말로 설명하려면, 내가 생각하는 것이 원주민 말로 제대로 표현될 수 있는지부터가 의심스럽습니다.

"사랑했어요 그땐 몰랐지만/ 이걸 크로마뇽인들은 뭐라 말했을까/ 아름다운 죄 사람 때문에 홀로 지샌 긴 밤이여/ 이걸 수메르인들은 어떻게 표현했을까…. 바벨족은 '사랑'이란 단어를 무수히 남발했다. 하지만 쓰임이 제멋대로여서, 그것으로는 바벨족의 절멸 원인을 밝힐 수 없다고, 우리는 결론을 내렸다." 정한용 시인의 〈바벨제국 쇠망사〉라는 시의 한 구절입니다. 시인은 '한때 지구에 짧게 살다 간 바벨족은 8천 개도 넘는 언어를 썼다'고 말합니다. 여기서 말하는 바벨족은 우리들입니다. 시인은 소수 언어의 죽음이 결국은 인류의 죽음을 불러올 것이라는 문제의식을 가지고 이 시를 썼습니다. 그런데 성경의 바벨탑 신화는 신에 도전하는 인류의 오만함을 벌하려고 다양한 언어를 만들어냈다는 내용입니다. 그러므로 우리가 모두 완전히 의사소통할 수 있는 한 종류의 기호를 가질 수 있다면 우리는 신이 될 것입니다.

전설에 따르면, 불교는 후한(後漢) 명제(明帝) 영평(永平) 10년(67년)에 중국에 들어왔습니다. 전설이라고 하는 이유는 이때 불교가 들어왔다는 기록이 감몽구법설(感夢求法說)에서 유래했기 때문입니다. 이 전설에 따르면, 한나라 명제가 꿈에서 금인(金人)을 보았는데, 그 금인이 부처님이라는 것을 알고 사절을 인도로 보냈습니다. 그런데 이 사절이 인도로 가던 도중에 백마에다 경전과 불상을 싣고 오던 가섭마등(迦攝摩騰)과 축법란(竺法蘭) 두 사람을 만나 영평 10년에 도성으로 돌아오게 되었습니다. 이들을 맞이한 명제는 크게 기뻐하여, 낙양문 밖에 백마사(白馬寺)를 짓고, 그들이 거기서 《사십이장경》을 번역하도록 했습니다. 하지만 당시 사절단이 오갔다는 역사적 기록이 없으므로, 이 내용은 말 그대로 전설에 불과합니다.

한나라 때에 들어온 불교는 위진(魏晉) 시대를 거치면서 본격적으로 수용됩니다. 그런데 이때는 중국에 현학(玄學)이 발전하던 시기였습니다. 현학이라고 할 때의 현(玄)은 《도덕경》에서 도(道)를 가리키는 말입니다. 그러므로 현학은 노장학을 중심으로 한 철학, 형이상학적 학문을 가리킵니다. 이 현학에 정통한 중국 지식인들 가운데서 승려들이 나오게 되자, 현학을 바탕으로 불교의 개념을 설명하려는 움직임이 일어났습니다. 이것을 격의불교(格義佛敎)라고 합니다. 격의(格義)라는 말은 원래 있던 말에 색다른 의미, 곧 격(格)을 부여하여 설명하는 것을 말합니다. 그러므로 격의불교란 불교의 개념을 설명할 때 중국사상에서 유사한 개념을 찾아서 그것으로 설명한 것을 가리킵니다.

> 무릇 반야바라밀(般若波羅蜜)은 모든 존재의 연원이고, 모든 지혜의 근원이며, 신성(神聖) 명왕(明王)이 유래하는 원천이고, 여래(如來)의 통찰 능력이다. 그 반야바라밀은 완전한 무(無)로서 텅 비어 있고 휑하니 아무 사물이 없는 것이다. 사물에 대해서 사물을 소유하지 않기 때문에 사물을 다스릴 수 있고, 지혜에 대해서 지혜가 없기 때문에 지혜를 운용할 수 있다.
>
> 《《대정신수대장경》 55책 출삼장기집 권8 제5, 〈대소품대비요초서〉》

위의 글을 쓴 지둔(支遁, 314~366)은 반야(般若)의 공(空)이라는 개념을 노장의 무(無)로 설명하려고 했습니다. 산스크리트어 프라즈냐(prajñā)는 지혜를 가리키고, 파라미타(pāramitā)는 성취, 완성을 뜻합니다. 이것을 중국어로 번역하기 마땅하지 않아서, 반야(般若)와 바라밀(波羅蜜)로 음차(音借)했던 것입니다. 그런데 반야바라밀의 본래 뜻은 지혜를 성취하는 것이 되는데, 이것을 '없는 것(無)'이라고 번역한 데서 오해가 생겼습니다. 산스크리트어 순야타(Śūnyatā)는 우리 눈에 보이는 것으로서가 아닌 그것 자체의 본질을 가리킵니다. 그러므로 지둔의 해설과는 달리 이렇게 말해야 합니다.

지혜로 나아가는 길은 다른 성취와는 달리 모든 것의 실상(實相)을 비추어 보는 것이므로 어디에도 집착하지 않는다. 객관적으로 있는 그대로를 추구하는 것이어서, 사물에 집착하지도 않고 지혜라는 말 자체에도 집착하지 않는다. 그래서 사물을 제대로 볼 수 있고, 그것이 지혜롭다는 생각조차도 넘어설 수 있는 것이다.

작품으로 돌아가 봅시다. 인간과의 공존을 거부하고 마음 내키는 대로 인간을 먹어치웠다고 하는 우마왕이 금단의 소생술이라고 알려져 있는 과학과 요술의 합성으로 부활하려고 합니다. 애니메이션에서는 과학과 요술이 서로 맞지 않는 관계로, 합성될 수도 없을뿐더러 그렇게 해서도 안 된다고 설명합니다. 과학은 보편적인 진리나 법칙을 발견하려는 것을 목적으로 한 체계적인 지식입니다. 요술은 초자연적 능력으로 괴이한 일을 행하는 것입니다. 그러므로 이 둘이 만나면, 오늘날 유행하는 라엘리안 무브먼트(Raelian Movement)나 사이언톨로지(Scientology)와 같은 사이비 과학종교가 만들어질 수도 있습니다.

물론 그렇다고 해서 전혀 다른 두 가지가 만날 수도 융합될 수도 없다는 말은 아닙니다. 하지만 격의불교에서 보듯이 때때로 개념상의 오해를 낳을 수도 있습니다. 그리고 과학이 종교가 되거나, 신화적 상상력이 과학이라는 이름을 빌려 마치 사실처럼 받아들여지기도 합니다. 격의불교의 이런 한계는 구마라집(鳩摩羅什, 344~413, 구마라습이라고도 함)과 그의 제자 승조(僧肇, 374~414)가 무(無) 대신 공(空)이라는 개념을 찾아내 번역하면서 해결됩니다. 이렇게 각각의 개념을 명확하게 인식하고, 그것을 분명하게 표현해야 제대로 의사소통할 수 있습니다.

이상과 현실은 다른가?

흔히 중국적인 불교라고 할 때는 천태종(天台宗)과 화엄종(華嚴宗), 그리고 선종(禪宗)의 셋을 손꼽습니다. 학자들에 따르면, 이 세 종파는 불교가 중국에 들어온 뒤에 중국 불교도의 손으로 만들어졌습니다. 그런데 이 세 종파의 특징은 현실을 긍정한다는 데 있습니다. 인도 불교는 초기 불교를 거쳐 소승불교와 대승불교로 발전하는 과정에서 존재의 문제를 중요하게 다루었습니다. 학파에 따라 다르지만, 이들은 현실의 존재와 그것이 있다고 생각하는 내가 실제로는 그렇게 존재하는 것이 아니라고 생각했습니다. 중국적인 불교는 이들의 견해에서 출발하지만, 실제로는 현실 긍정적인 중국의 사상 풍토를 반영했습니다.

중국적 불교 가운데 중국 불교의 특징을 가장 잘 드러내는 종파는 선종입니다. 선종은 달마(達磨)가 650년경 중국에 입국하면서 비롯되었는데, 직관적인 종교 체험으로서 선(禪)을 중요하게 여겼습니다. 선종에서는 석가모니가 영산(靈山) 설법에서 말없이 꽃을 들자, 제자인 가섭(迦葉)이 그 뜻을 알고 미소를 띠었다는 이야기를 중요하게 여깁니다. 이것을 염화미소(拈華微笑)라고 합니다. 그래서 이심전심(以心傳心), 직지인심(直指人心), 불립문자(不立文字)를 주요한 가르침으로 삼았습니다. 그런데 이 '불립문자', 곧 문자 기호의 한계는 《주역周易》에서도 이야기된 일이 있습니다.

> 공자께서 말씀하셨다. "글은 말을 다 드러내지 못하며, 말은 생각을 다 드러내지 못한다(書不盡言 言不盡意). 그렇다면 성인(聖人)의 생각은 알 수 없는 것일까?" 공자께서 말씀하셨다. "성인(聖人)은 상(象 ; 이미지)을 세워서 생각을 드러내고, 괘(卦)를 그려서 참과 거짓을 가려내며, 거기에 말을 붙여서 자기가 할 말을 다한다. 이렇게 해서 변화하고 통하여 이로움을 다하며, 북 치고 춤추게 하여 신령스러움을 다한다."
> 　　　　　　　　　　　　　　　　　　　　　(《주역》〈계사전〉 상 12)

그리고 염화미소를 떠올리게 하는 장면은 《논어》에도 나옵니다.

공자께서 말씀하셨다. "삼(參)아! 나의 도(道)는 하나로 모든 것을 꿰뚫고 있다." 증자가 "예" 하고 대답했다. 공자께서 나가시자 제자들이 물었다. "무슨 말씀입니까?" 증자가 대답했다. "선생님의 도(道)는 충(忠)과 서(恕)일 뿐이다."

《논어》〈이인〉 15)

석가모니와 공자는 많은 가르침을 남겼습니다. 그런데 이들은 우리가 하는 말이 중요하다는 것을 강조하면서도, 그것이 우리의 마음을 모두 전할 수 없다는 한계를 지적합니다. 그리고 말 대신 꽃을 들어 보이거나, 우리의 궁금증을 불러일으키는 말 한 마디를 남깁니다. 이것은 언어를 부정한 것이라기보다는 언어가 때로는 우리의 진심을 전달하지 못한다는 점을 드러낸 것입니다. 지나친 상상일 수도 있지만, 중국적인 불교는 이 둘의 공통점에 주목한 결과로 성립되었다고 할 수 있습니다.

내친김에 선종의 지혜가 담겨 있다는 화두(話頭)와 선시(禪詩) 이야기를 해보겠습니다. 화두는 이야기의 첫머리를 가리키는데, 불교에서는 선원에서 참선 수행을 하는 실마리인 공안(公安), 고칙(古則)을 가리킵니다. 주로 공안이나 고칙은 조사(祖師)들의 말에서 따옵니다.

조주(趙州) 선사께 어떤 승려가 물었다. "조사(祖師; 달마를 가리킴)께서 서쪽에서 오신 뜻이 무엇입니까?" 선사께서 말씀하셨다. "뜰 앞의 측백나무이다."

무문(無門) 선사가 말했다. "조주 선사께서 대답한 곳을 바로 보아서 가까이 하면, 앞에 석가가 없고, 뒤에 미륵이 없을 것이다." "말로서는 일을 펼 수 없으며, 논리로서는 기틀을 드러내지 못한다. 말로서 이으려는 사람은 죽고, 구절에 걸리는 자는 미혹하리라."

(《무문관》, 제37칙 '정전백수자庭前栢樹子')

《무문관無門關》은 남송 시대의 무문혜개(無門慧開) 스님이 공안 가운데서 유명한 48칙(則)을 가려 뽑아서 지은 책입니다. 그중에서 제37칙이 우리나라에서는 '뜰 앞의 잣나무'로 알려진 공안입니다. 부처님의 가르침이 무엇인지를 공부하던 스님이 문득 선종의 조사인 달마가 중국에 온 이유를 알면 해답을 찾을 수 있다고 생각합니다. 그러므로 이 스님의 질문은 '부처님의 법(法)이 무엇입니까?'로 이해할 수 있습니다. 그런데 이 질문에 조주 선사는 '뜰 앞의 잣나무다'라고 대답합니다. 논리적으로 대답한다면, '심법(心法)을 전하여 중생을 구제하려고 온 것이다. 여기서 말하는 심법(心法)이 부처님의 법이다. 부처님의 법은 곧 너의 본마음이다. 너의 본마음이라는 것은 평상심(平常心)이다'라고 해야 합니다. 그런데 '뜰 앞의 잣나무'라고 말한 까닭은 무엇일까요?

《무문관》에는 빠져 있지만, 《오등회원五燈會元》에는 이 뒷이야기가 나옵니다.

스님이 다시 말했다. "스님, 대상(對象)을 들어 설명하지 마십시오." 조주선사가 대답했다. "나는 대상을 들어 설명하지 않았다." 스님이 다시 물었다. "조사께서 서쪽에서 오신 뜻이 무엇입니까?" 선사께서 말씀하셨다. "뜰 앞의 측백나무다."

백 번을 물어도 조주선사의 대답은 똑같습니다. 왜냐하면 '뜰 앞의 측백나무'를 대상으로 생각하는 한, 부처님의 법을 깨우치지 못할 것이기 때문입니다. 우리는 보이는 것에 집착합니다. 그리고 그것을 말하는 데 집착합니다.

이 이야기의 제목을 '너무도 현실적인 사람들의 비현실적인 이야기'라고 정한 이유는 여기에 있습니다. 우리는 이상(理想)과 현실(現實)은 다르다고 생각합니다. 더 솔직하게 말하면 현실에서는 이상이 실현될 수 없다고 생각합니다. 그러면서 우리들 자신의 나약함을 변명합니다. '어쩔 수 없잖아!' 솔직하게 말합시다. 어쩔 수 없었던 게 아니죠. 왜냐하면 그렇게 했던 것도 나이고, 그렇게 변명하는 것도 나이기 때문입니다. 그런데도 엄친아(엄마 친구 아들)가 따로 있다고 생각하는 것은 변명에 불과합니다. 중국 불교의 특색을 잘 나타내는 선종에서 주목하는 것은 바로 이 '변명이 필요 없는 나'입니다. 시기적으로는 선종이 나오기 전의 일을 다루고 있지만, 《서유기》에서 고생 끝에 구한 불경에 아무 글자도 없었다는 것도 바로 그 때문입니다. 글자에 집착하면 말하려고 한 본래의 뜻을 제대로 이해할 수 없습니다.

이런 전통이 다음과 같은 무시무시한 구절도 나오게 했습니다.

수행자들이여, 그대들이 참된 견해를 얻고자 하거든 오직 다른 사람들로부터의 미혹함을 받지 않아야 한다. 안에서나 밖에서나 마주치는 대로 죽여 버려라. 부처를 만나면 부처를 죽이고, 조사(祖師)를 만나면 조사를 죽이고, 부모를 만나면 부모를 죽이고, 나한(羅漢)을 만나면 나한을 죽이고, 친척 권속을 만나면 친척 권속을 죽여라. 그래야만 비로소 해탈하여 어떤 것에도 구속받지 않고 모든 것에서 완전히 벗어나 자유로움을 얻을 수 있다.

(《임제록》,〈시중〉10~12)

그 무엇에도 얽매임이 없어야 한다는 그것조차도 넘어설 수 있어야 한다는 뜻으로 받아들이면, 생각할 것이 많은 구절입니다. 그러므로 노파심에 덧붙여 말한다면, 위의 구절에도 얽매이지 않아야 합니다. 그리고 그 얽매이지 않아야 한다는 생각에도 얽매이지 않아야 합니다. 그런데 이렇게 계속 노파심을 가져 말을 덧붙이는 일조차도 사실은 필요 없습니다. 그래서 '뜰 앞의 측백나무'라고 하든지, 할(喝)하고 꾸짖든지, 꽃을 들어 보인 것입니다.

4
신들의 세계를 구하는 사람들의 이야기
천공전기 슈라토

원작 : 天空戰記 シュラト(1989)
감독 : 니시쿠보 미즈호, 마쓰모토 요시히사, 우에다 히데히토

✣ **등장인물**

수라왕 슈라토(히다가 슈라토) : 가이와 함께 천공계로 전생하지만, 인드라에 의해 비슈누를 돌로 만든 죄를 뒤집어쓰고 다른 천공팔왕들에게 쫓기는 신세가 됨. 인드라와 싸우게 되며, 후에 시바와의 전투에서 이겨 천공계의 평화를 가져다줌

야차왕 가이(그로키 가이) : 비슈누에 의해 천공계로 전생하지만, 검은 소매에 의해 슈라토를 죽이려 함. 후에 시바와의 전투에서 본모습을 되찾게 되나 시바에 의해 죽임을 당함.

가루라왕 레이가 : 천공팔왕 중 새들의 왕으로, 중성 인간임. 인드라 편에서 슈라토와 싸우지만, 나중에 인드라의 거짓을 알고 슈라토 편이 됨.

천왕 휴가 : 천공팔왕 중 지위가 가장 높은 하늘의 왕. 슈라토와 함께 비슈누를 돌로 만든 누명을 쓰고 인드라와 싸우게 됨.

용왕 용마(료우마) : 처음에는 휴가와 싸우게 되지만, 진실을 알고는 슈라토와 함께 싸우다 부동명왕에 의해 죽음을 맞이함.

나라왕 연화(렌게) : 천공팔왕 중 유일한 여성. 인드라를 사모하여 슈라토와 싸우게 되고, 휴가와 싸우다 죽음. 후에 비슈누가 깨어나 전생함.

달파왕 쿠우야 : 레이가와 싸우는 중 진실을 알게 되어 레이가를 돕다가 죽음을 맞이함. 비슈누가 깨어나 다시 전생함.

비파왕 단 : 비슈누가 깨어나 다시 전생하여, 쿠우야 렌게와 함께 천공계를 수비함.

라크슈 : 슈라토를 좋아하는 요정. 비슈누의 석화 저주를 풀어줌. 후에 비슈누가 죽고 그를 대신해 조화의 여신이 됨.

조화의 신 비슈누 : 천공계 조화의 여신. 슈라토와 가이를 천공계로 불러들임. 인드라에 의해 돌이 되었다가 슈라토 일행에 의해 저주를 풀게 됨. 라크슈에게 자리를 물려주고 죽음을 맞이함.

인드라 : 천공계를 위협하는 여러 요소를 봉인해 천공계를 지키던 자비로운 왕이었으나, 검은 소매를 이용해 비슈누를 돌로 만듦. 결국 슈라토, 휴가와 싸우다 전사함. 죽기 전에 본래의 착한 마음을 깨달음.

파괴의 신 시바 : 아수라 신족을 다스리는 파괴의 신. 1만 년 전 천공계를 침입했다가 브라흐마와 비슈누에 의해 이동궁에 봉인됨. 그로부터 1만 년 후 야차왕과 함께 다시 천공계를 침입하고 비슈누를 죽게 함.

스토리 라인

비슈누를 구하러 가는 슈라토 일행

　세상은 하늘의 세계인 천공계와 인간 세상인 지상계로 나누어져 있다. 천공계는 비슈누가 다스리고 있는데, 천공계가 어지러워지면 지상계도 영향을 받을 정도로 서로 연결되어 있다.

　지상계에 살고 있는 슈라토와 가이는 어렸을 적부터 무예를 수련하며 서로 라이벌로 자라왔다. 그러던 어느 날 한 무도시합의 결승전에서 한창 시합에 몰두하던 도중 슈라토와 가이는 묘한 빛에 휘말려 천공계로 가게 된다.

눈을 뜬 슈라토에게 보이는 것은 이 세상의 것이 아닌 것으로 보이는 경치와 라크슈라 불리는 한 소녀였다. 뭐가 뭔지 모르는 슈라토가 어리벙벙하게 있을 무렵, 갑자기 가이가 이상한 옷을 입은 채 슈라토에게 검을 휘두르기 시작한다. 그때 가루라왕 레이가 나타나서 슈라토를 도와주고, 슈라토는 천공계로 자신을 부른 비슈누가 있는 천공성으로 가게 된다. 슈라토와 가이는 사실 천공 8왕 중 수라왕과 야차왕이었다. 하지만 다른 천공왕들에게로 간 가이와는 달리 슈라토는 혼자 라크슈가 있는 곳에 떨어졌던 것이다.

가이의 추격이 계속되고 있을 무렵, 천공계의 총사령관인 인드라는 반란을 일으켜 현재 천공계를 다스리는 여신 비슈누를 돌로 만들어버리고, 8왕 중 하나인 천왕 휴가를 제압한다. 우연히 반란의 현장에 떨어진 슈라토는 비슈누의 마지막 힘에 힘입어 천왕 휴가와 함께 알 수 없는 곳으로 날아가게 된다. 이 틈을 타 인드라는 천공성을 장악한 뒤, 도망간 휴가와 슈라토가 그 옛날 자신들이 쫓아냈던 데바 신족의 일원으로서 비슈누를 돌로 만들었다고 속이고, 슈라토 일행에게 척살령을 내린다.

척살령이 떨어진 뒤 슈라토 일행과 처음 맞선 자는 8왕 중 최강의 사나이라 불리는 용왕 료마다. 료마는 슈라토와 싸우는 도중 비슈누를 돌로 만든 자가 인드라임을 알게 되고, 마음을 바꿔 슈라토를 돕게 된다. 잇달아 천왕 휴가와 가루라왕 레이가도 슈라토와 함께 비슈누를 구하기 위한 여정의 길에 오른다.

천공성으로 가는 도중에 슈라토 일행은 비슈누를 돌로 만든 배신자라는 이유로 가이와 나머지 천공 왕들에게 공격을 받아 슈라토와 휴가를 제외한 나머지 천공 왕들이 모두 죽게 된다. 결국 슈라토는 인드라를 쓰러뜨렸지만, 휴가 또한 가이의 공격으로 죽고 만다.

수라 마파권을 외우며 변신하는 슈라토

　비슈누의 석화술을 이어받은 가이는 인드라의 공격으로 부상을 입은 슈라토를 공격해온다. 하지만 슈라토는 죽을힘을 다해 싸워 가이를 죽이고, 비슈누는 다시 부활해 가이를 제외한 나머지 천공왕들을 살려낸다.
　한동안 평화가 찾아온 듯했으나 파괴 신 시바가 부활하면서 천공계는 다시 위기를 맞게 된다. 시바를 물리치기 위해 슈라토 일행과 라크슈는 브라흐마의 갑옷을 찾으러 수미산으로 향한다. 거기서 다시 파괴의 신 시바에 의해 되살아난 가이와 마주친다.
　다른 천공 왕들의 보호 아래 라크슈는 홀로 브라흐마의 갑옷이 있는 산 정상에 다다른다. 가이는 브라흐마의 봉인을 풀 수 있는 이가 라크슈 뿐이라며 슈라토를 인질로 삼고 봉인을 풀라고 한다. 결국 라크슈는 봉인을 풀고, 갑옷은 가이의 손에 넘어간다. 하지만 악인에게 갑옷을 주지 않겠다는 브라흐마의 의지로 인해 갑옷은 다시 슈라토에게로 돌아온다. 이로써 슈라토는 천공성을 구한다. 하지만 천공성을 지키기 위해 많은 힘을 썼던 비슈누는 자신의 자리를 라크슈에게 물려주고는 죽음을 맞이한다.

　마지막으로 천공의 왕들은 시바를 없애기 위해 시바의 아지트로 들어간다. 그리고 최후에 슈라토와 가이의 일 대 일 대결이 이루어진다. 결국 슈라토의 희생으로 가이의 몸속에 있던 검은 소마가 없어지고 슈라토와 가이는 힘을 합쳐 시바를 공격한다. 하지만 시바의 공격으로 가이는 죽음을 맞이하고, 가이의 혼은 슈라토와 하나가 되어 시바를 무찔러 천공계를 구한다.

신들의 세계, 사람을 필요로 하다

〈천공전기 슈라토〉는 애니메이션 채널에서 자주 재방송되는 애니메이션입니다. 불교 TV에서도 몇 번이나 재방송된 일이 있을 정도로, 이 애니메이션은 불교적인 색채가 강합니다. 하지만 사실 인도적이기는 해도 불교적이지는 않습니다. 적어도 기본 플롯은 그렇다는 말입니다. 그런데 그 유명한 진언(眞言), 만트라(mantra)의 내용을 보면 그렇지만도 않습니다.

나우마크 삼만다 보다난 아비라운켄 소와카. 수라마파권(修羅魔破拳)!

주인공인 슈라토가 필살기인 마파권을 날릴 때 외우는 주문입니다. 순백의 갑옷에 황금빛 투구를 입은 미남 슈라토에 반해서 한 번쯤은 따라 해봤음직한 주문입니다. 그런데 일본식 발음을 바로 잡으면, 불교 종파 가운데 진언밀교(眞言密敎)의 교주인 대일여래(大日如來)에게 귀의한다는 내용이 됩니다.

나모 사만다 붓다남 옴 아-비-라-훔-캄 스바하(namo samanta Buddhanam oṃ A-vi-ra-hūm-kham svāhā)

먼저 나모는 '의지한다', '돌아간다'는 뜻입니다. 사만다는 '보편적인', '두루두루'라는 뜻입니다. 못다남은 붓다남을 잘못 옮긴 것인데, 붓다는 부처님을 가리키며, '아남'은 복수어미입니다. 그러므로 '나모 사만다 붓다남'은 '널리 부처님들께 의지합니다'라는 뜻입니다.

그다음에 나오는 것은 고대 인도의 산스크리트어 47개 자모(字母) 가운데 6개입니다. 옴은 산스크리트어 가운데 으뜸이 되는 자음이라고 해서 신성하게 여기는데, 주문의 맨 앞에 두는 것이 보통입니다. 그리고 아-비-라-훔-캄은 대일여래의 법신(法身)을 나타내는 말입니다. 이들 각각의 글자는 지(地)·수(水)·화(火)·풍(風)·공(空)을 상징하기도 하는데, 이것이 대일여래의 진리를 드러낸다고 생각한 것입니다.

마지막에 나오는 스바하는 주문 뒤에 붙여서 '성취되기를 원한다'는 뜻을 드러낸 것입니다. 기독교의 아멘(Amen)과 같습니다. 그러므로 이 주문은 '널리 부처님들께 의지합니다. 대일여래시여. 성취되게 해주소서. 수라 마파퀸!'으로 볼 수 있습니다.

〈천공전기 슈라토〉는 이렇게 인도 신화를 소재로 하면서도, 불교적인 색채가 강합니다. 주요 등장인물에서도 이런 점이 잘 드러나 있습니다. 여성 캐릭터인 천공계의 비슈누(Viṣṇu)는 인도 신화에서는 락슈미(Lakṣmi)라는 아내를 가진 태양신, 그러니까 남신으로 묘사됩니다. 〈천공전기 슈라토〉에서는 락슈미가 비슈누의 뒤를 잇는 라크슈라고 하는 소녀로 등장합니다. 극중에서는 파괴의 신 시바(Siva)도 여성 캐릭터로 나오지만, 실은 칼리(Kālī)라고 하는 아내를 가진 남신입니다. 그리고 극중에서는 아카라나타가 부동명왕(不動明王)으로 나오지만, 본래 시바의 또 다른 이름인 아리야칼라나타(Aryācalanatha)에서 비롯된 것입니다. 그리고 비슈누를 돌로 만들어버리는 인드라(Indra)는 인도 신화에서는 번개의 신으로, 불교에서는 제석천(帝釋天)으로 묘사되는 신입니다. 특히 수미산(須彌山) 꼭대기 위에 있는 도리천(忉利天) 희견성(喜見城)에 살면서 그곳을 제외한 32개의 하늘을 통솔하기 때문에 천주(天主)라고 불립니다. 그러므로 비슈누와 인드라가 대립하고 싸우는 일은 그렇다 치더라도, 천공팔왕(天空八王)이 싸운다는 것은 아무래도 좀 어색합니다. 왜냐하면 천공팔왕은 불법(佛法)을 수호하는 여덟 신장이기 때문입니다. 불교에서는 이들을 팔부중(八部衆), 또는 팔부신중(八部神衆)이라고도 합니다. 팔부중은 천(天)・용(龍)・야차(夜叉)・건달바(健達婆)・아수라(阿修羅)・가루라(迦樓羅)・긴나라(緊那羅)・마후라가(摩睺羅迦) 등입니다. 극중에서는 천왕 휴가, 용왕 용마, 야차왕 가이, 달파왕 쿠우야, 수라왕 슈라토, 가루라왕 레이가, 나라왕 렌게, 비파왕 단의 캐릭터로 나왔습니다. 그리고 시바를 비롯한 아수라 신족이 등장하는데, 이 아수라 신족은 사실 팔부신중 가운데 아수라 신의 부하입니다. 그러므로 수라왕 슈라토와 싸울 일이 없습니다.

작가의 설정이므로, 이것을 두고 굳이 싸울 수 있다, 없다를 말할 필요는 없습니다. 그리고 둘로 나뉘어 싸우던 천공팔왕이 나중에는 오해를 풀고, 끝까지 반목하던 야차왕 가이의 몸속에 있던 검은 소마도 없어집니다. 그런데 작가의 설정이라는 점을 인정하더라도, 재미있는 것이 하나 있습니다. 지상계에서 평화롭게 살던 슈라토와 가이가 어느 날 무술 대회에서 서로 대결하다가 천공계로 오게 되었다는 설정 말입니다. 극중에서는 자신이 돌로 변하고 천공계가 위험에 빠질 것을 예측한 비슈누가 이 둘을 천공계로 불러왔다고 설명합니다. 그런데 이 둘은 전생에는 천공팔왕이었을지 모르지만, 일단 지금은 사람입니다. 그러므로 이 설정에 따르면 신들의 세계인 천공계가 사람을 필요로 한다는 말입니다. 별 문제가 없다고 생각할 수도 있지만, 흔히 완전하다고 생각하는 신들이 인간의 힘을 필요로 한다는 것은 상식에서 벗어납니다.

하지만 인도 신화를 읽어본 사람이라면 그게 그렇게 이상하지는 않습니다. 왜냐하면 인도 신화에서는 신들이 인간의 힘, 곧 제사 없이는 살아갈 수 없는 존재로 묘사되기 때문입니다. 인도 신화의 신은 유일한 절대자가 아닙니다. 특히 브라흐마나 시대의 신화들에서 신들은 인간이 얼마나 제사를 지내주느냐에 따라 운명이 결정됩니다. 그래서 이 애니메이션에서처럼 신들이 죽었다가 부활하는 일도 있습니다. 극중에서는 비슈누가 돌이 되었다가 풀려나서 죽었던 천공팔왕을 부활시킵니다. 그리고 자신은 또 죽음을 맞이하고, 라크슈가 자신의 뒤를 잇도록 합니다. 그리고 천공팔왕은 첫 대결에서 슈라토와 휴가를 뺀 나머지가 죽었다가 비슈누에 의해서 부활합니다. 파괴의 신 시바도 죽었다가 부활하고, 다시 죽음을 맞이하게 됩니다.

포이에르바하(Ludwig Feuerbach, 1804~1872)의 말에 따르면, 신이란 인간이 생각하는 모든 좋은 것들을 종합해 놓은 존재입니다. 인간이 겪는 가장 근본적인 한계는 죽음입니다. 그렇다면 신은 죽지 않는 존재여야 합니다. 하지만 인도의 신은 죽을 수 있는 존재이고, 더구나 불완전한 인간의 힘을 필요로 하는 존재입니다. 그리고 인도 신화에 등장하는 신은 자신이 정한 규칙(Rta, 天則)에 따라야 합니다. 만일 그 규칙을 어기면 자신이 정한 규칙에 따라 처벌 받아야 하기 때문입니다. 그러므로 인도의 신화는 상당히 인간적이고 합리적입니다.

이제 창조·질서·파괴, 신화(神話), 범아일여(梵我一如)라는 주제로 이 작품을 들여다볼까요.

창조, 질서, 파괴

지금 있는 모든 것은 생겨난 날, 곧 생일(生日)이 있습니다. 그 생겨난 날로부터 모든 것들은 어떤 규칙과 질서에 따라 지금까지 유지되고 있습니다. 그리고 그것은 앞으로도 존재하다가, 어느 날엔가 사라질 것입니다. 태어나지 않고 있는 것이란 없습니다. 지금 있지 않았는데 나중에 사라질 것도 없습니다. 이런 생각은 '생겨나려면 없어야 하고, 없는 것에서 생겨난다'는 철학적 진술을 낳습니다. 물론 태어나지 않았으되, 지금 있고 앞으로도 영원히 있을 것이 있기는 합니다. 그게 바로 창조주(創造主)인 절대자입니다. 하느님·하나님이라든가, 알라라고 하는 존재가 그렇습니다. 하지만 그 절대자가 만든 모든 것들은 만들어진 때가 있고, 있다가 없어지는 것입니다.

"백색 유니폼을 입은 준령의 조기체조단(早起體操團)인 구름들이 벌써 동방 산마루를 씩씩하게 넘어 옵니다./ 아마 저렇게 빛나고 기운찬 구름들이 모이면/ 오늘은 그 용감스런 소낙비가 우리의 성읍(城邑)을 다시 찾아오겠지요?/ 시원한 바닷바람을 몰고 들어와 문지방에 흐르고 있는 송진과 같이/ 느긋한 오후의 생존을 약탈하여 가는 그 용감한 협도(俠盜)들 말입니다." 김현승 시인의 〈새벽은 당신을 부르고 있습니다〉라는 시의 한 구절입니다. 시인은 새벽의 정경을 통해 하루 전체를 관조합니다. '태어나는 모든 것들은 죽기 마련이다'라고 하는 대신, 태어나는 순간의 희열과 성장하고 성숙해 가는 과정을 그립니다. 물론 시인은 자연을 통해 일제 강점기라고 하는 우리 민족의 아픈 현실을 극복하려고 이 시를 썼다고 합니다. 그렇지만 '해야 솟아라'고 말하는 대신, 해가 솟은 뒤의 과정까지도 모두 관조하고 있어서 좋습니다.

인류는 이런 것들을 경험했기 때문에 창조와 질서, 파괴라고 하는 존재의 세 단계를 만들어냈습니다. 창조는 이 세계가 생겨난 시점입니다. 그렇게 생겨난 것은 어떤 규칙에 따라 유지됩니다. 그러므로 단순히 유지된다거나 그저 그렇게 존재하는 것이 아닙니다. 그래서 존재라고 하지 않고 질서라고 합니다. 그리고 이렇게 규칙에 따라 존재하던 것은 모두 소멸됩니다. 사라질 것들은 모두 계속 존재하기를 원합니다. 하지만 바꿔 생각하면, 사라지지 않는다는 것만큼 고통스러운 일도 없습니다. 그래서 〈은하철도 999〉의 철이는 영원한 생명을 포기했을 것입니다. 이렇게 사라지는 것을 극단적으로 표현하면 파괴라고 할 수 있습니다. 그러므로 창조-질서-파괴는 사실 하나이면서 셋이고, 셋으로 보이지만 결국은 하나입니다.

3이라는 숫자는 참 재미있습니다. 3위일체, 3재(三災), 3재(三才), 3족오(三足烏), 3년상(三年喪), 3정승(三政丞), 3보(三寶), 3짇날, 3년 고개, 3원색(三原色), 3차원(三次元), 3배(三拜), 3강(三綱), 3진아웃…. 숫자 3은 동서양 할 것 없이 인류 문화에 깊숙하게 들어와 있습니다. 심지어 '가위바위 보'도 셋입니다. 그래서 전통적으로 3은 만물이 조화되는 수로서, 문명의 시작, 사람을 가리키는 것이라고 말해왔습니다.

고대 인도에서도 3은 중요한 숫자로 여겨졌습니다. 고대 인도의 경전을 베다(Veda)라고 하는데, 베다는 '종교적이며 신성한 지식'을 뜻합니다. 이 베다는 한 번에 만들어진 것이 아니라, 몇 백 년에 걸쳐서 만들어졌습니다. 그래서 초기와 중기, 후기의 베다에 나오는 내용이 조금씩 다릅니다. 초기 베다 문헌에 나오는 신들은 로마 신화에서처럼 사람의 모습을 하고 있습니다. 그런데 그 숫자가 33 또는 3,339라고 기록되어 있습니다. 그만큼 많은 신이 있었다는 말이기도 하지만, 3이라는 숫자의 의미와 관련된 것으로도 볼 수 있습니다.

힌두교 전통에서 최고신은 각각 창조와 질서, 파괴를 담당하는 브라흐마(Brahmā)와 비슈누(Viṣṇu), 시바(Siva)의 삼신으로 나눠져 있습니다. 서양 기독교 문화권에서는 세상을 창조한 야훼와 자신을 희생하여 인간과 새로운 계약을 맺는 예수, 죄에 물든 인간성을 변화시킴으로써 결과적으로는 종말을 불러오는 성령 셋이 있는 것처럼 말입니다. 그런데 아우구스티누스(Aurelius Augustinus, 354~430)는 인간 정신의 구조가 기억과 내적인 이해, 그리고 내적인 의지로 구분되면서도 하나인 것처럼 성부·성자·성령도 각각 구분되면서도 하나라는 결론에 이르렀습니다. 마찬가지로 힌두교에서도 원래는 각각 독립된 신이었지만, 창조와 질서, 파괴를 담당하는 신이 결국 하나의 신이면서 동시에 셋으로 드러난 것(化現)이라고 생각했습니다.

이렇게 생각하는 가운데 화신(化現)이라는 용어가 나오게 되었습니다. 화신(化身)이란 신 또는 부처가 사람들을 교화하기 위해 여러 모습으로 변화하는 것을 말합니다. 영어로는 'incarnation'이라고 하는데, '안으로'를 뜻하는 in과 '육체, 살'을 뜻하는 carnus를 합친 말입니다. 기독교에서는 이것을 강생(降生), 또는 육화(肉化)라고 합니다. 힌두교에서는 이것을 아바타라(avatāra)라고 하는데, 우리말로는 권현(權現), 권화(勸化)라고 합니다. 사이버상에서 사용하는 아바타는 여기서 나온 말입니다. 그런데 《바가바드 기타》에서는 비슈누가 때에 따라 다른 모습으로 드러난다는 화신사상을 이렇게 표현했습니다.

정의가 쇠퇴하고, 불의가 일어날 때마다 바라따의 자손이여! 나는 내 자신을 드러낸다. 선한 자를 보호하기 위해, 악한 자를 멸하기 위해, 그리고 정의를 다시 세우기 위해, 나는 시대에서 시대로 출현한다.

《바가바드 기타》 4:7~8)

비슈누는 본래 태양의 빨리 달리는 빛을 신격화한 것인데, 나중에 유일신으로서 크리슈나(Kṛṣṇa)와 같은 신이라고 생각되었습니다. 그 과정에서 나온 것이 화신사상입니다. 비슈누가 몇 개의 화신을 가졌는지에 대해서는 여러 설이 있지만, 일반적으로는 10개의 화신을 가졌다고 합니다. 10개의 화신에는 큰 물고기, 거북이, 멧돼지, 인간사자, 난장이, 도끼를 든 라마(Paraśrāma), 라마(Rāma), 크리슈나, 붓다(Buddha), 파괴의 신 칼키(Kalki)가 있습니다. 비슈누는 이렇게 지금의 우주 질서를 관장하는 신입니다.

이에 비해서 창조의 신 브라흐마는 본래 주술력을 가득 담고 있어서 신성한 베다의 기도문(祈禱文)을 신격화한 것인데, 후기 우파니샤드 시대에 우주를 창조하는 남성 신으로 바뀌었습니다. 초기 문헌에서는 젊은 모습이었지만, 중세 이후부터는 수염이 나 있는 네 개의 머리와 네 개의 손에 물항아리, 활, 작은 널빤지, 베다 경전을 들고 있으며, 일곱 마리 백조 위에서 연화대에 앉아 있는 모습으로 묘사되었습니다. 네 개의 머리는 베다의 네 종류를 뜻하기도 하고, 시간적으로는 생성에서 소멸까지의 네 시기인 크리타(Krita, 또는 Satya ; 지혜의 시대), 트레타(Tretā ; 제식의 시대), 드바파라(Dvāpara ; 미혹의 시대), 칼리(Kali ; 갈등의 시대)를 뜻하기도 합니다.

애니메이션에서는 시바가 빨간 머리와 눈에 검은색 옷을 입은 여자 캐릭터로 나오지만, 실제로는 힌두교의 가장 위대한 남신입니다. 그리고 시바라는 말이 산스크리트어에서는 '자애로운', '친절한', '은혜가 넘치는'이라는 어원을 가지고 있습니다만, 본래 시바 신앙은 원주민인 드라비다인의 신앙에서 유래되었다는 점도 생각할 필요가 있습니다. 드라비다어로 시바는 '붉은색'이라는 뜻입니다. 그러므로 애니메이션의 캐릭터에서 붉은색이 강조되는 것은 나름 근거가 있습니다. 그리고 시바가 검은색 옷을 입고 있는 것은 그가 어둠으로 상징되는 악한 존재라기보다는 시바 신의 부인이면서 시간의 여신인 칼리(Kali)가 검은 얼굴을 했다는 것과 관련됩니다. 시바의 성격은 대단히 복잡하면서도 그만큼 매력적입니다. 그는 세 개의 눈을 가지고 있는데, 두 개의 눈은 양극을 합일한다는 뜻으로 태양과 달을 나타냅니다. 이마에 있는 제3의 눈은 파괴적 힘을 가진 불과 지혜를 상징합니다. 물론 남신을 여신 캐릭터로 바꾸고, 인간이 창조의 신 브라흐마의 후계자라는 것이 이 애니메이션 최고의 설정인데, 이 이야기는 다음 장에서 하겠습니다.

신화란 무엇인가?

우리는 다들 각자의 신화를 가지고 삽니다. 그리고 그 이야기를 다른 사람들에게 이야기합니다. 그것은 나 자신이 어떻게 살아왔는지를 다른 누구도 아닌 내가 이해하는 것이고, 다른 사람이 나를 그렇게 이해해주면 좋겠다는 소망인 것입니다. 그래서 우리가 아는 이야기는 가끔씩 사실과 다릅니다. 하지만 그렇다고 해서 그것을 '새빨간 거짓말'이라고 하면 안 됩니다. 왜냐하면 사실은 아니지만, 이해된 것으로서 그것은 있었던 일이니까요.

"아빠! 아빠도 일등만 했어요?" 둘째인 익성이가 물었습니다. 한 번도 아이들에게 일등만 했노라고 말한 적이 없는 아빠입니다. 웬 뜬금없는 소린가 싶어 눈을 껌벅껌벅하고 있었더니, 맏이인 민성이가 말합니다. "아! 얘, 《아빠는 일등만 했대요》라는 책 보고 이러는 거예요." 그제야 알겠다 싶어 몇 마디 하려니까, 막내인 도형이가 어느새 와서 폭 안기며 말합니다. "그럼, 형아는 몰랐어? 우리 아빠는 일등만 했지! 그러니까 우리 아빠지! 아빠, 그렇죠?" '미안하구나. 얘들아. 아빠도 일등만 한 걸로 기억했는데, 지난번에 고등학교 성적표를 떼어 보니, 그게 아니더구나.' 생각은 머릿속에서만 맴돌고, 말로 나오지는 않습니다.

기억의 문제라면 왜곡이라고 하면 그만입니다. 쉽게 말하면 잘못 기억했고, 잘못 기억해냈다고 하면 된다는 말입니다. 하지만 우리가 잘 알지 못하는 일들을 겪게 되었을 때 우리는 어떤 방식으로든 이것을 이해하려고 합니다. 그래야 안심이 됩니다. 왜 이런 일이 벌어졌는지, 왜 내가 이런 일을 겪어야 하는지, 이 일이 언제쯤이나 끝날지, 그렇다면 나는 어떻게 해야 하는지를 정리해야 하는데, 그렇지 못하면 말 그대로 깜깜합니다.

"정녕 당신께서는 제 속을 만드시고/ 제 어머니 배 속에서 저를 엮으셨습니다./ 제가 오묘하게 지어졌으니 당신을 찬송합니다./ 당신의 조물들은 경이로울 뿐./ 제 영혼이 이를 잘 압니다." 〈시편〉 138: 13~14에는 다윗의 이런 노래가 나옵니다. 개정판 성서에서는 이렇게 맨송맨송하게 표현되었지만, 예전 성서에서는 좀 멋있게 표현되어 있습니다. "당신은 오장육부를 만들어주시고/ 어머니 뱃속에 나를 빚어주셨으니/ 내가 있다는 놀라움, 하신 일의 놀라움/ 이 모든 신비들, 그저 당신께 감사합니다." 다윗은 자신이 어떻게 해서 생겨났는지를 야훼 하느님을 통해서 이해했습니다. 그렇기 때문에 이렇게 노래 부를 수 있었습니다.

서양철학사가인 요하네스 힐쉬베르거(Johannes Hirschberger, 1900~1990)는 이렇게 말했습니다.

> 이 신화란 세계와 생명, 신들과 인간들에 관한 중요한 문제들에 관한 사회의 신앙인데, 이 신앙은 백성들에게 이 물음들을 어떻게 생각해야 되며, 또 어떻게 행동해야만 하는가 하는 것들을 가르쳐준다. 백성들은 그들에게 전승(傳承)되어온 것들로부터 무반성적이고 신앙적이고 맹목적으로 신화를 받아들인다. 그럼에도 불구하고 아리스토텔레스가 주의를 환기시킨 바와 마찬가지로, 신화를 사랑하는 사람들은 어떤 관점에서 보자면 이미 지혜를 사랑하는 사람(철학자)이다. 왜냐하면 신화를 사랑하는 자는 신화 속에서, 철학의 문제이기도 한 문제들을 다루고 있기 때문이라는 것이다.
>
> (《서양철학사》 상권, 강성위 역, 50쪽)

물론 그렇다고 해서 신화에서 철학이 비롯되었다든가, 신화에서 다루는 것이 철학적 주제가 된다는 이야기는 아닙니다. 하지만 신화는 고대인들이 생활 속에서 터득하고 재구성한 '바람직한 인간상을 가진 인간'에 대한 이야기입니다. 우리는 신화가 신들을 이야기하고 있다고 생각합니다만, 사실은 그렇지 않습니다. 신화를 자세히 읽어 보면, 신과 같은 영웅적인 사람의 이야기라는 점을 알 수 있습니다. 더구나 신화는 어느 한 개인의 창작물이 아닙니다. 개인적으로 경험한 것을 객관화시키거나 통합하는 것이 아니라는 말입니다. 신화는 신화를 이야기하는 이야기꾼이 만들어낸 이야기가 아니라, 고대의 민족들이 경험한 생존에 관한 잡다한 정보들을 모아 놓은 것입니다.

그렇다면 신화와 전설, 그리고 민담은 같은 것일까요, 다른 것일까요? 전승 태도와 증거물, 시간과 공간, 주인공, 전승 범위라는 면에서 이 셋은 서로 구분됩니다. 신화는 진실한 것일 뿐 아니라 신성하다고 생각해서 받아들이기 때문에 대단히 포괄적인 증거물이 제시됩니다. 전설은 진실하지 못한 것으로 생각하는 경우가 많기 때문에 구체적인 증거물이 제시됩니다. 민담은 흥미 위주로 창작된 것이기 때문에 증거를 제시하려고 하지 않습니다. 다음으로 신화는 시간과 공간을 초월하는 경험을 바탕으로 합니다. 이에 비해 전설은 제한된 시간과 공간에서 벌어진 일을 다루고 있으며, 민담에서는 뚜렷한 시간과 공간이 제시되지 않습니다.

한편, 신화의 주인공은 탁월한 능력을 가져서 신과 투쟁하거나, 신적인 능력을 갖춘 영웅입니다. 전설의 주인공은 비극적인 결말을 맞게 되는 인간인 경우가 많고, 민담의 주인공은 희극적인 인간입니다. 마지막으로 신화는 민족 범위로 전승이 이루어지지만, 전설은 지역 범위, 민담은 제한이 없을 뿐 아니라 세계적인 경우도 많습니다.

예컨대, 우리 민족의 단군신화에서 나오는 태백산이 어딘지, 그리고 청동검이나 방울, 거울이 지금 있는지는 중요하지 않습니다. 그리고 요즘에는 다양한 종교를 가지고 있기 때문에 단군상을 훼손하는 일도 있지만, 기본적으로 단군을 신성한 인물로 생각합니다. 주인공인 단군도 신의 후손이면서도 사실은 사람입니다. 여기에 비해 전설의 고향에 나오는 구미호 등이 실제로 있었다고 믿는 사람은 많지 않습니다. 그렇기 때문에 ○○도 ○○○ 땅에 가면 어떤 형태로 그 증거가 남아 있다고 증거물이 제시됩니다. 아울러 주인공은 대개 하루를 못 채워서 다시 구미호가 되어버린 아내 때문에 괴로워하는 사람입니다. 민담의 주인공은 신데렐라와 콩쥐팥쥐에서 보듯이 극중 인물의 성격이 세계적으로 겹치는 경우가 많습니다. 대개 '옛날 옛날에 어느 마을에'라는 식으로 시간과 공간이 명확하지 않고, 주인공은 권선징악의 결과를 받지만 대개 희극적인 요소를 가지고 있습니다.

작품으로 돌아가 봅시다. 인간인 슈라토와 가이가 천공계에 소환되어서 천공계의 위기를 해결하는 주요 인물이 된다는 것은 대단히 현대적이면서도 전통적입니다. 전통적으로 신화의 신은 인간의 세상에 개입합니다. 그리고 신화의 주인공은 인간 역사에 개입하는 신을 대신하거나, 제멋대로 인간의 세계를 멸망시키려는 신과 맞섭니다.

그런데 이 애니메이션에서는 신들이 사는 천공계가 주무대입니다. 그리고 인간이 이 세계에 개입합니다. 물론 신들의 싸움 결과는 인간계에도 영향을 미칩니다. 그렇기 때문에 인간이 개입할 수밖에 없다고 생각할 수도 있습니다. 하지만 뒤집어서 생각하면, 이 신들의 운명은 인간에게 달려 있습니다.

인도 신화는 다신교적이면서도 합리적입니다. 애니메이션에서는 소마(soma)가 천공계를 지탱하는 힘으로서 천공팔왕이 각자 가진 본질적인 힘으로 소개됩니다. 그런데 소마는 본래 신들에게 바쳐진 술입니다. 신들이 영생을 누리는 것은 제사를 통해 바쳐진 이 술을 마시기 때문입니다. 그리고 애니메이션에서는 평소에 타고 다니다가 전투할 때 갑옷으로 변하는 샤티(Shakti)가 나옵니다. 샤티는 본래 신들의 배우자가 가진 힘(性力)으로, 배우자들과 결합될 때 신들이 가지게 되는 능력입니다. 인도의 신들은 외롭지 않습니다. 그래서 이 애니메이션에서도 수라왕 슈라토는 인간의 관계, 곧 우정과 신뢰 등을 통해 자신을 살릴뿐더러 천공계도 구합니다. 분쟁을 겪는 신들의 세계가 '인간다움'으로 회복될 수 있다는 것은 의미심장합니다.

범아일여, 내가 신이다

인도 신화나 종교에 익숙하지 않은 사람에게는 범아일여(梵我一如)라는 말이 낯설 수밖에 없습니다. 하지만 '내가 부처다(我卽是佛)'라는 말은 한 번쯤 들어보았을 것입니다. 모든 것은 한 마음에서 비롯된 것이라는 일체유심조(一切唯心造)도 사실은 이 말과 다르지 않습니다. 그리고 석가모니께서 태어났을 때 외쳤다고 하는 탄생게(誕生偈)인 천상천하유아독존(天上天下唯我獨尊)도 마찬가지입니다. 김용옥 선생은 이 말을 두고 이렇게 말한 일이 있습니다.

…싣달타는 마야 부인에게서 태어나자마자 "천상천하유아독존(天上天下唯我獨尊; 하늘 위 하늘 밑에 나 홀로만이 존귀롭다)"라고 외치고 두루 일곱 걸음을 걸었다(周行七步)고 한다. 부처님의 위대함을 나타내는 고사로서 중국인들의 가슴속에 깊게 박힌 신앙이었다. 그런데 운문선사는 다음과 같이 뇌까렸다: "내가 만약 그 당시 룸비니의 현장에서 그 모습을 보았더라면 고 쥐새끼만한 싣달타를 한 방망이로 작살내어 때려죽여(一棒打殺) 개한테 먹이로 던져주었을 것이다. 그리하여 천하의 태평을 도모했을 것이다."…운문(雲門)의 말은 내가 생각건대 불교(佛敎)의 삼신(三身) 사상의 철저한 표현이다. 이때 가장 중요한 것은 동양인들이 추구했던, 실체적 사고 그 자체의 부정이다. 물 자체의 부정을 절대성이라는 또 하나의 실체로 해결하지 않는다. 물 자체가 존립할 수 있는 그 존재 근원을 없애버린다. 불타나 예수는 실체로서 우리의 생각 속에서 타살(打殺)되지 않으면 안 되는 것이다. …동양인들이 추구한 것은 결국 '자아'라는 허위의식의 철저한 타파였다. 허위의식의 타파, 이것이야말로 깨달음이며 열반이다.

(《동양학 어떻게 할 것인가》, 91~92쪽)

표현이 상당히 거칠지만 운문선사와 김용옥 선생의 말은 범아일여(梵我一如)라든가, 아즉시불(我卽是佛), 일체유심조(一切唯心造)와 연결됩니다. 야스퍼스(Karl Theodor Jaspers, 1883~1969)의 말을 빌리지 않더라도 우리는 도저히 우리 힘으로 어쩔 수 없을 때 신을 찾습니다. 이때를 야스퍼스는 난파(Scheitem)라고 불렀는데, 그것을 경험할 때 비로소 실존의 단계로 접어든다고 보았습니다. 왜냐하면 우리는 난파를 겪으면서 '신의 포괄성에 안기는 선택과 결단'을 하게 되기 때문입니다. 그런데 힌두교와 불교에서는 그 신이 바로 '난파한 나'라고 말합니다. 그리고 거기서 한 걸음 더 나아가서 '난파를 겪고 있는 나'도 없다고 말합니다.

이 전통은 본래 우파니샤드 시기에 시작되었습니다. 이 이야기를 하려면 인도사상을 개략적으로라도 먼저 말해야 합니다. 힌두교의 성서라고 할 수 있는 베다는 본집인《상히타Saṃhitā》와 그 부속 문헌인《브라흐마나Brahmana》,《아라니야카Āraṇyaka》,《우파니샤드Upaniṣad》로 이루어져 있습니다. 이 베다의 성립 시기에 따라서 인도사상을 베다 시대와 브라흐마나 시대, 우파니샤드('베단타'라고도 함) 시대로 나눈 것입니다. 제사장 계급인 브라흐만이 제사 때 하던 말을 가리키던 브라흐마(Brahmā)가 세계의 창조주로서 브라흐만(Brahman)이 된 것은 브라흐마나 시대입니다.

실로 태초에 이 세계는 브라흐만이었다. 그것이 신들을 창조했고, 그 후에는 그 신들로 하여금 이 세계에 오르게 했다. 즉 아그니(Agni;

불의 신)는 땅 위에, 바유(Vāyu ; 바람의 신)는 공중에, 수리야(Sūrya ; 태양의 신)는 하늘에. 　　　　　　　　　　(《사타파타 브라흐마나》, 11, 2, 3, 1)

베다 시대에는 푸루샤(Puruṣa)라고 하는 최초의 인간에게서 우주가 창조되었다고 생각했습니다. 그래서 푸루사의 입으로부터 바라문이, 양팔에서 왕족이, 두 다리에서 바이샤, 두 발에서 수드라가 탄생했다고 보았습니다. 그뿐만 아니라 신들과 천체도 사람의 호흡을 뜻하는 이 푸루사로부터 나온 것으로 생각했습니다. 그런데 〈사타파타 브라흐마나Satapatha Brāhmana〉에서는 브라흐만이 우주를 창조했다고 선언합니다. 그리고 후기로 가면서 인간과 브라흐만을 동일한 존재로 생각하고, 인간이야말로 최고 원리라는 인식도 등장하기 시작합니다.

브라흐마나 시대 이후는 우파니샤드 시대라고 부릅니다. 우파니샤드(Upaniṣad)라는 말은 '무릎을 맞대고 비밀스러운 이야기를 전수한다'는 어원에서 비롯되었습니다. 그리고 베다의 최고 지식을 담고 있다고 해서 베다의 끝(Veda+anta), 곧 베단타(Vedānta)라고도 부릅니다. 이 시기에는 주문인 만트라(mantra)가 최고의 원리인 브라흐만이라고 생각하게 되었습니다. 브라흐마나 시대부터 브라흐만이 제사장의 말을 가리켰기 때문에 별로 달라진 것은 없습니다. 그런데 이 시대에 들어서면서 브라흐만은 자기 동일적인 힘으로서, 끊임없이 변화하는 세계의 배후에 있는 불변하는 실재가 되었습니다. 그리고 동시에 인간이라고 하는 소우주의 본체로서 아트만(atman)이라는 개념이 등장하게 되었습니다. 아트만은 인간 속에 들어 있는 본질적인 것입니다.

그런데 브라흐만이 이 세계의 배후에 있는 본질적인 것이라고 한다면, 인간 속에도 들어 있어야 합니다. 여기서 범아일여 사상이 나왔습니다.

> 스바타케투야, 이 소금을 물에다 넣고 내일 아침 나에게 가져오너라. …아버지는 아들에게, "어제저녁에 네가 물속에 넣은 소금을 가져오너라." 그러나 스바타케투는 그 물속에서 소금을 찾을 수가 없었다. 왜냐하면 소금이 물속에 이미 녹아버렸기 때문이다. …아버지는 말하기를, "스바타케투야, 이와 같이 너는 브라흐만을 볼 수 없다. 그렇지만 그것은 진실로 여기에 있다. 이 보이지 않는 미묘한 본질이 모든 존재의 영혼이다. 그것은 바로 실체요, 브라흐만이다. 그리고 그것은 바로 너다." 《〈찬도기야 우파니샤드〉, 6, 12, 14》

소금을 물에 집어넣으면 녹아버립니다. 소금을 다시 추출하려면 물을 증발시킬 수밖에 없습니다. 그런데 소금이 보이지 않는다고 해서 없는 것으로 생각해서는 안 됩니다. 소금 때문에 물은 짠맛을 내기 때문입니다. 이렇게 우리들의 육체는 소멸해도 브라흐만인 아트만은 영원합니다. 그리고 브라흐만과 아트만은 모든 변하는 것들 속에서 변하지 않는 유(有)입니다. 그래서 모든 것들은 유(有)에서 생겨서 유로 되돌아갑니다. 이런 이치를 깨닫게 되면 죽은 뒤에 브라흐만인 유(有)와 완전히 일치됩니다. 이것이 또한 '브라흐만과 아트만은 하나다', '신과 인간은 하나다', '내가 곧 부처다'라는 선언의 근거가 됩니다.

  이 애니메이션은 신(神)들의 세계를 구하는 사람들의 이야기입니다. 그런데 범아일여와 아즉시불과 관련해서 본다면, 우리들의 세계를 구하는 사람들의 이야기입니다. 성서에서는 지식인들이 얄팍한 인간적 지식에 기대어 '하느님이 어디 있느냐?'라고 오만해지는 것을 경계하는 말이 나옵니다. 그런데 범아일여의 진정한 의미는 인간다움을 제대로 구현해내는 것이야말로 신과 하나가 될 수 있음을 말하려는 데 있습니다. 그리고 이것은 인간성을 구현해 내려는 사람에게 필요한 완전한 자기 신뢰와 연결됩니다. 언제나 그렇듯이 해결책은 저 멀리에 있는 것이 아니라, 우리 자신에게 있기 때문입니다.

5

천명을 받은 사람들의 이야기

십이국기

원작 : 十二國記(2002)
감독 : 고바야시 쓰네오

❖ 등장인물

나카지마 요코 : 붉은색 머리에 녹색 눈. 평범한 여고생이었으나, 어느 날 갑자기 나타난 의문의 남자 게이키에게 이끌려 십이국의 세계로 가게 됨. 라크슌과 연왕의 도움을 받아 위왕과 각왕의 계획을 부수고, 결국 경국의 여왕으로 등극함. 처음에는 관료에게도 백성에게도 신용이 없었지만, 화주의 난에 참여하여 개혁정치의 발판을 마련함. 인간에게 배신당한 일로 사람들을 불신하게 되었지만, 라크슌을 만나면서 강인한 여성으로 성장함.

게이키 : 경국의 기린. 기린으로서 자비로운 마음도 가지고 있지만, 무표정하고 과묵한 모습에 냉철한 성격으로 보이기도 함. 요코가 왕이 되기 전에는 조카쿠를 모셨기에 요코가 두 번째 왕임.

라크슌 : 반은 쥐고, 반은 인간. 사람을 믿지 못하고 의심하던 요코가 현재 자신이 있는 세계에 대해 이해하고 현실을 받아들이는 데 결정적 역할을 함. 요코가 힘들 때마다 위로해주고 도와줌.

스기모토 유카 : 요코가 십이국에 들어올 때 같이 쓸려옴. 십이국이 자신만을 위한 세상이라 생각하여 요코를 죽이고 왕위에 오르려는 야심을 가졌으나, 포기하고 일본으로 돌아감.

아사노 : 우연히 요코와 있다가 소동에 휘말려 십이국 세계에 들어옴.

쇼케이 : 방국의 공주였으나, 아버지인 왕이 부하인 겟케이에게 죽임을 당하고 아버지를 죽인 원수인 겟케이에 의해 구해져 공국으로 보내짐.

다이키 : 일본에서 태어나 살아가던 열 살 소년으로, 십이국으로 넘어와서 자신이 대국의 기린 '다이키'임을 알게 됨. 기린 중에 유일한 흑기린.

스즈 : 재국에서 리요우라는 선인(仙人)의 시중을 들던 해객.

쇼류 : 500년 안국의 불안한 초창기 정국을 이끌고 감.

엔키(로쿠타) : 안국의 기린.

스토리 라인

요코를 주인님이라 부르며 절을 하는 게이키

평범한 여고생 요코는 붉은색 머리 때문에 사람들로부터 따가운 눈총을 받는다. 그래서 소심한 성격이 되었고, 자신의 삶을 살지 못하고 다른 사람의 눈치를 보며 산다.

그러던 어느 날 요코 앞에 연한 금발의 게이키라는 남자가 나타나 요코를 주인님이라 부르며 낯선 세계로 이끌고 간다. 그곳은 바로 연꽃 모양의 특이한 형상을 이루고 있는 12왕과 12기린에 의해 통치되는 이상한 나라.

이상한 세계로 도착하자마자 게이키를 놓쳐버린 요코는 이 세계가 어디인지, 왜 게이키가 자신을 이곳으로 데리고 왔는지도 모른 채 자신처럼 12국으로 넘어온 친구 아사마와 유카와 함께 요마로 불리는 짐승에게 쫓기게 된다. 수많은 의문에 싸여 살아남기 위해 이상한 세계로의 여행을 시작하면서 이야기가 전개된다.

십이국기에는 봉산을 중심으로 방국, 대국, 연국, 순국, 류국, 범국, 경국, 주국, 공국, 안국, 재국, 교국이라는 12개의 나라가 존재한다. 그리고 그 주위로 끊임없는 허해가 있으며, 제3의 세계인 봉래가 있다. 그리고 각 나라에는 한 명의 '왕'과 왕을 보좌하는 '기린'이 있는데, 기린에 의해 선택된 왕은 신성하며 불로불사의 존재가 된다. 하지만 왕이 실덕을 하면 그 왕을 만든 기린은 서서히 병에 걸려 죽게 된다. 기린이 죽으면 왕도 같이 죽게 되는데, 왕이 없는 나라는 요마가 날뛰어 고통스러운 시대가 된다. 하지만 새로운 기린이 다시 봉산에서 태어나고, 그 기린이 새로운 왕을 찾게 된다. 기린은 하늘의 뜻에 따라 천명을 받은 자를 찾아다니는데, 그중 한 명이 요코였던 것이다.

원래 경국의 선왕은 조카쿠였다. 평범한 상인의 딸이었던 그녀는 왕이 되기에는 너무 심약했다. 조정에는 자기 이익만을 위하는 신하들뿐이었으므로, 결국 그녀는 정치를 포기하고 내전에 틀어박히게 된다. 그러던 중 유일하게 자신에게 친절한 기린 게이키에게 반해 그를 사랑하게 된다. 하지만 주종관계인 왕과 기린 사이에서는 이루어질 수 없는 사랑. 그녀는 그가 다른 여자를 보지 않기를 바라며 나라 안의 모든 여자를 내쫓아버렸고, 이로 인해 나라는 점점 황폐해져 간다. 왕의 실덕으로 게이키는 병이 들고, 이를 지켜보던 조카쿠는 스스로 선적을 반납하고 왕위에서 내려온다. 이후 경국은 일본(봉래)에 사는 요코를 새로운 왕으로 선택하게 되어 게이키가 요코를 찾아왔던 것이다.

경국의 왕위에 등극한 요코와 기린 게이키

　아무것도 모른 채 요코는 혼자 외톨이가 되어 십이국 세계에서 방황한다. 억울하게 누명을 써 죄인 취급을 받기도 하고, 도둑질을 하기도 하고, 믿던 사람에게서 배반을 당하여 아무도 믿지 못하는 사람이 되고 만다. 그녀의 몸과 정신이 한계에 이르고, 누군가의 습격을 받고 쓰러져 있을 때 반수인(반은 인간, 반은 동물인 존재) 라크슌을 만나면서 서서히 변하게 되고, 라크슌의 도움에 힘입어 강한 여성으로 성장하여 결국에는 경국의 여왕으로 즉위하는데….

기린(麒麟), 자신의 왕을 찾다

이 이야기는 배경음악으로부터 시작해야 합니다. 왜냐하면 오프닝 1분 40초 동안 깔리는 배경음악인 십이환몽곡(十二幻夢曲)이 귀에 쏙 들어오기 때문입니다. 이 배경음악과 연꽃을 닮은 섬, 여신과 말, 극 중에서는 태과(胎果)라고 부르는 열매가 달린 나무(野木과 理木), 신화의 전투 장면 등은 참 잘 어울립니다. 그래서 배경음악을 만든 사람이 누굴까 궁금합니다. 료 구니히코(梁邦彦), 우리에게는 양방언이라는 이름이 더 친숙한 뉴에이지 음악가입니다.

양방언은 제주도가 고향인 아버지와 신의주가 고향인 어머니 사이에서 출생한 재일교포입니다. 2007년 KBS에서 방영되었던 〈차마고도(茶馬古道)〉와 임권택 감독의 영화 〈천년학〉의 배경음악을 담당하기도 했습니다. 그리고 보니 〈십이국기〉의 오프닝 장면은 일본보다는 제주의 정서를 담고 있는 것처럼 보입니다. 제주에는 내해(內海)가 없지만, 제주에 딸린 섬은 꽤 있습니다. 그리고 제주에는 여신 신화도 많고, 제주마와 한라마 등과 같은 말도 많이 있습니다. 더구나 45부작으로 종결된 애니메이션은 12국 가운데서 경(慶)의 새로운 왕으로 등극하는 여고생 나카지마 요코를 중심으로 이야기를 끌어갑니다. 여성이 주인공인 것입니다. 그래서 더 제주의 풍광이 녹아 있는 것처럼 느껴집니다.

내친김에 제주의 여신 신화를 중심으로 이 이야기를 끌어가 볼까 하는 생각을 잠시 해봅니다. 그런데 양방언은 분명 제주의 핏줄을 이어받은 음악가이지만, 원작자인 오노 후유미(小野不由美)는 분명 일본 작가입니다. 더구나 이 작품은 특이하게도 기본 세계관이라는 것을 가지고 있습니다. 오노 후유미는 《산해경山海經》을 바탕으로 원작소설을 집필했다고 말한 적이 있습니다. 《산해경》은 중국에서 가장 오래된 지리서(地理書)이면서 신화집입니다. 하(夏)나라 우왕(禹王) 또는 백익(伯益)이 지었다고 하지만, 기원전 4세기 전국시대에 집필된 것으로 봅니다. 원래 23권이었지만 한나라 때의 유학자인 유흠(劉歆, B.C. 53?~A.D. 25)이 교정한 18권만 전하고 있습니다. 이 《산해경》에 근거했다는 애니메이션의 세계관은 극중에서 쥐 모습을 한 반수(半獸) 라크 슌의 입을 통해서 설명됩니다.

'일찍이 천제(天帝)는 세계를 한 번 멸망시키시고, 새로이 열 세 나라를 만드셨다. 그리고 중앙의 한 나라를 황해(黃海), 봉산으로 만들고 주변 다섯 산으로 하여금 이를 지키게 하여, 남은 십이국에 왕을 두고 그 각자에게 나뭇가지를 건넸다. 나뭇가지에 휘감겨 있던 뱀은 하늘을 들어 올려 지탱했다. 나뭇가지엔 세 과실이 있어 하나는 옥좌, 다른 하나는 나라, 또 다른 하나는 국토가 되었다. 그리고 나뭇가지는 붓이 되었다.' 이렇게 해서 이 세계는 시작되었다고들 해. 국토란 백성을, 나라난 법률을, 붓은 역사를, 옥좌는 왕의 덕목인 인도(人道), 즉 기린(麒麟)을 뜻해. 이 세계에는 십이국에 12명의 왕, 그리고 열두 기린이 있어. 그중 한 명이 너야, 요코. …기린은 왕을 선택해. …기린은 더없이 자존심 강한 생물이야. 왕 이외에는 따르지 않고, 결코 왕 이외의 사람 앞에서 무릎을 꿇지 않지. …황해에는 요수, 또는 요마라고 하는 이 세상 상식 밖의 생물이 있어. 하지만 기린은 그것들과도 달라. 천제가 내리신 세계에서 열둘 밖에 존재하지 않는 영수(靈獸)지. 사람 모습으로 변하는 것 외에도 여러 가지 신비한 힘을 가지고 있어. 기린만이 나라의 왕을 선택할 수 있어. 그리고 왕이 도리를 거스르면 기린은 실도(失道)의 병에 걸려. 다음 기린이 새 왕을 선택할 때까지 그 나라는 기린도 왕도 잃은 상태가 돼. 숫기린은 기(麒), 암기린은 린(麟)이라고 해. 그 관직명은 재보(宰輔)이지만 그렇게 부르는 건 실례니까 태보(台輔)라 부르지.

(TV 시리즈 제14화 〈달그림자, 그림자의 바다. 전장〉)

《산해경》은 일본 애니메이션에 아주 많은 영향을 미쳤습니다. 포켓몬스터의 캐릭터는 대부분 《산해경》에 등장하는 괴수와 닮아 있습니다. 〈십이국기〉에 등장하는 괴수들도 마찬가지입니다. 그래서 〈십이국기〉 이야기를 풀어내면서, 도교사상과 연결되는 점이 많지 않을까 하고 생각했습니다. 그런데 〈십이국기〉 전편에는 중국의 정치사상이 유가와 도가, 법가 구분 없이 뒤섞여 있습니다. 특히 라크슌이 하는 말은 공자와 맹자의 입에서 나온 것이 아닐까 의심스러울 정도입니다.

"천제(天帝)께 빌어?"

"힘들 때 신(神)을 찾는다고 하잖아."

"그런 말은 몰라. 하지만 아이를 원하는 부부는 천제께 빌지. 풍작을 바라면 요(堯)임금님께, 요마를 피하려면 황제(黃帝)께 비는 사람들도 있어. 그래도 말이야, 작물이라는 건 날씨가 좋고 잘 돌보면 저절로 풍작이 되는 거야. 날씨는 하늘에 달려 있어. 빌어서 될 만한 게 아니야."

"하지만 신이 있잖아. 그렇게 믿지 않아?"

"글쎄, 난 단순한 전설이라고 생각하지만, 만약 있다고 해도 우리들의 기도를 일일이 들어줄 시간은 없지 않을까?"

"그럼, 라크슌은 학교에서 시험 치기 전에 좋은 성적이 나오기를 빈다든가, 돈을 벌게 해달라고 빌어본 적은 없는 거야?"

"그런 건 본인이 얼마나 노력하는가의 문제잖아! 신께 빌어서 뭘 어쩌라고. 시험이라면 공부하면 돼. 돈 같은 건 일하면 모여. 뭘 빌지?"

(TV 시리즈 제6화 〈달그림자, 그림자의 바다. 6장〉)

요코는 라크슌에게 어려운 일을 만나면 하느님께 빌지 않느냐고 말합니다. 하지만 라크슌은 '그런 건 본인이 얼마나 노력하는가의 문제'라고 대답합니다. 이 애니메이션의 극적인 장치는 여기에 있습니다. 라크슌은 쥐 모습을 한 반수(半獸)입니다. 사람 모습을 할 때도 있지만, 어쨌거나 요즘 말로 하면 혼혈, 키메라(chimera)입니다. 그리고 그가 살고 있는 세계에는 아직도 왕이 있고, 성왕(聖王)의 치세에 나온다는 신령한 생물인 기린(麒麟)이 있으며, 난세에 나온다는 요마들이 있습니다. 그런 그의 입을 통해서 유가의 이신론(理神論), 곧 원리를 신으로 생각할 수 있을 뿐이지, 우리 모습을 닮은 신에 대해서는 말할 수 없다는 생각이 설명되는 것은 참 역설적입니다.

이것만이 아닙니다. 이 작품은 기린이 자신과 그 나라의 주인이 될 왕을 찾는 과정을 그리고 있습니다. 기린은 왕을 정할 수 있지만, 그 왕의 몰락과 함께 자신도 죽을 운명을 타고났습니다. 마지막 대사에서 요코는 우리들이 자기 자신이라고 하는 영토의 주인, 곧 왕이라고 하지만, 대의민주주의를 선택하는 오늘날의 상황에서는 기린이야말로 우리들이라고 할 수 있습니다. 그리고 그렇게 보면 이 작품은 아주 유교적입니다.

이제 천명(天命)과 법치(法治), 그리고 인정(仁政)이라는 주제로 이 작품을 들여다볼까요.

천명에 대하여

우리에게는 타고난 본성(本性)이라는 것이 있습니다. 본성은 습관이나 교육처럼 후천적으로 만들어진 것이 아닙니다. 민성이는 분식을, 익성이는 회를, 도형이는 고기를 좋아합니다. 이것을 식성(食性)이라고 합니다. 민성이는 과학을, 익성이는 미술을, 도형이는 외국어를 좋아합니다. 이런 교과목 선호도(subject preference)를 적성(適性)이라고도 합니다. 민성이는 예민하고, 익성이는 상상력이 풍부하고, 도형이는 상냥합니다. 이런 성격을 인성(人性)이라고 합니다. 셋은 형제라서 얼굴도 닮고 체형도 비슷하지만, 이렇게 식성이나 적성, 그리고 인성이 다릅니다. 그런데 이렇게 각자가 타고난 본성도 있지만, 인간을 인간이라고 부를 수 있는 공통된 본성도 있습니다.

"내 마음은 왜/ 일요일 오후에/ 모래사장에서 생을 관찰하고 있는 물새처럼/ 그렇게 먼발치서 너를 바라보지 못할까/ 넌 알겠지/ 인간으로 태어난 슬픔을/ 인간으로 태어나 인간을 사랑하는/ 무한 고독을/ 넌 알겠지." 류시화 시인의 〈인간으로 태어난 슬픔〉이라는 시의 한 구절입니다. 시인은 자신이 인간으로서 물새와는 다르다고 인식합니다. 비록 그래서 슬프다고 표현하지만, 그래서 역설적으로 무한 고독을 느낄 수 있고, 시를 쓸 수 있는 것입니다.

이렇게 인간이 타고난 본성을 가지고 있다면, 인간이 아닌 개나 소에게도 그것이 타고난 본성이 있습니다. 동양철학에서는 이렇게 타고난 본성을 천명(天命)이라고 표현합니다.

하늘이 명하는 것을 성(性)이라고 하고, 성(性)을 따르는 것을 도(道)라고 하고, 도(道)를 닦는 것을 교(敎)라고 한다. 도(道)라는 것에서는 잠시도 벗어날 수 없으니, 벗어날 수 있다면 그것은 도(道)가 아니다. 그래서 군자는 보이지 않는 곳에서도 조심하고 삼가며, 들리지 않는 곳에서도 두려워하고 걱정한다. 숨긴 것이 가장 잘 나타나고, 작은 것이 가장 잘 드러난다. 그러므로 군자는 홀로 있을 때에 삼간다.

(《중용》 1)

《중용》에서는 하늘이 명하는 것, 곧 천명을 모든 사물이 가지고 있는 원래의 성질, 곧 본성이라고 말합니다. 거꾸로 말하면, 모든 사물에게는 고유한 성질이 있는데, 이것을 천명이라고 합니다. 그리고 도(道)라고 하는 것은 신기하고 특별한 방법이 아니라, 각자에게 주어진 본성을 따르는 것입니다. 그런데 우리는 타고난 본성이 있지만, 여러 가지 이유로 그것을 제대로 따르지 못합니다. 그러므로 여러 가지 이유에도 불구하고 타고난 본성에 따르려고 애쓰는 것이 가르침입니다.

"우리집 가훈이 뭐랬지?" 형들과 다퉈서 눈물범벅이 된 도형이를 샤워시키던 아빠가 묻습니다. 그러자 막내 도형이가 대답합니다. "그요, 그요, 뭐더라. 아, 그요. 사람답게 살자예요." 사실 일곱 살 막내에게 '사람답게 살자'는 가훈만큼 이해하기 어려운 것도 없습니다. 사람답게 살려면 무엇이 사람다운 것인지를 알아야 합니다. 사람이 타고난 본성이 무엇인지를 알아야 한다는 말입니다. 그리고 그렇게 산다는 것이 구체적으로 무엇인지를 알아야 합니다. "사람은 어떻다고 말했지?" 아빠가 묻습니다. "그요, 순이하고는 달라요." 순이는 뒤뜰에 매어둔 하얀 강아지입니다. "순이는 뭐 어떤데?" 몸에 묻은 비누거품으로 장난을 치던 도형이가 대답합니다. "그요, 순이는요, 아무 데서나 똥 싸고요, 막 시끄럽게 해요." 샤워기의 물을 틀어 비눗물을 씻으면서 아빠가 묻습니다. "그러면 사람은 어떻게 해야 돼?" 딴에는 심각한 표정으로 도형이가 대답합니다. "그요, 우리 사람은요, 아무 데서나 막 시끄럽게 하면 안 돼요. 그요, 형아랑 막 싸워도 안 되고요." 아빠가 흐뭇해하면서 "머리 감게, 귀 막자"라면서 샤워기를 머리에 가져가자, 도형이가 급하게 손사래를 치며 말합니다. "앗, 잠깐만요. 그요, 근데요, 아빠. 형아들이 막 먼저 때리고, 저한테 귀찮게 하고 이러면 어떻게 되는 거예요?" 그렇다고 제 형들을 순이하고 똑같은 놈이라고 할 수는 없으니, 다시 시작해야 합니다. "그럴 때 사람은 어떻게 해야 한다고 했지?"

천명(天命)이라고 할 때의 명(命)은 명령을 뜻합니다. 명령은 윗사람이 아랫사람에게 이렇게 하라거나 저렇게 하지 말라고 강제하는 것입니다. 그리고 그것을 따르거나 어기면 거기에 알맞은 조치가 따릅니다. 이것을 두고 정약용(丁若鏞, 1762~1836)은 이렇게 말했습니다.

어떤 사람이 있어서, 오늘 마음에 걸리는 일 하나를 저지르고, 또 그 다음날 마음에 걸리는 일 하나를 저지른다. 그는 굶주린 듯 허전해 하며 가슴이 아파서 못 견디면서 '나는 이미 틀렸다'라고 자포자기하고, '내가 다시 무슨 가망이 있겠는가' 하고 지치게 된다. 그러다가 남들이 이익으로 유혹하여 부추기면 마치 개나 돼지처럼 이리저리 이끌려 다니고, 위엄으로 겁을 주면 마치 여우나 토끼처럼 몸을 움츠리다가, 끝내 초췌하고 쇠약한 몸으로 쓸쓸이 죽음의 길로 들어서게 된다. 이것은 그 본성을 어기고 꺾어버려 자라지 못하게 한 데서 나온 결과다. 《여유당전서》 제2집 경집 〈심경밀험〉 심성총의)

유학자로서 정약용은 사람의 본성을 '선(善)의 추구'로 보았습니다. 그래서 선을 추구하지 않을 때 사람은 자포자기해서 끝끝내는 죽음에 이르게 됩니다. 그 사람을 죽음에 이르게 하는 것은 하늘의 명령을 어겼기 때문이지만, 하늘이 그를 죽인 것은 아닙니다. 그를 죽인 것은 바로 하늘의 명령을 담고 있는 그의 마음입니다.

작품으로 돌아가 봅시다. 작품에서는 천명(天命)이 두 가지 의미로 사용되고 있습니다. 하나는 사람의 본성이고, 다른 하나는 12국을 각각 다스리게끔 되어 있는 왕의 본성입니다. 이 둘은 사실상 하나입니다. 우리들 사람은 선을 추구해야 하고, 왕은 사람인 백성들을 책임져야 하는 만큼 사람다움을 완전히 구현해 내야 합니다. 이렇게 보면 천명은 내가 사람으로, 왕으로 태어났다는 권리라기보다는 그렇게 살아야 한다는 의무라고 할 수 있습니다.

"송백(松伯)? 비선(飛仙)인? 옛날에 그 수우도(水愚刀)를 원숭이로 봉인했다는?"

"다시 한 번 칼집을 만드는 것도 그리운 일이야."

"아니요. 칼집은 필요 없습니다. 때론 제 생각대로 안 되고 보기 괴로운 것을 보여주지요. 그것은 제 마음인 것입니다. 마음에 칼집은 필요 없어요."

"천제께 감사드리고 싶소. 좋은 왕을 내려주셨다고."

(TV 시리즈 제39화 〈바람의 만리, 여명의 하늘. 종장〉)

이 작품은 참 많은 명대사를 담고 있습니다. 선대의 왕을 모셨던 현자를 태사(太師)로 초빙하려고 하자, 그는 다시 한 번 왕을 모시게 된 일을 '신비한 힘을 가진 칼집을 만드는 일'로 표현합니다. 그러자 요코가 말합니다. 그 신비한 힘을 가진 칼이 결국은 왕의 마음, 곧 본성이므로 자기가 어떻게 하느냐에 달린 것이지, 누군가의 감시나 경계를 필요로 하는 것은 아니라고 말합니다. 그러자 송백은 요코가 천명을 제대로 이해했다는 뜻에서 천제께 감사드린다고 말합니다. 자신에게 주어진 천명은 이렇게 각자가 가장 잘 알 뿐 아니라 잘 알아야 합니다.

법치에 대하여

우리는 모두 어떤 규칙에 따라 삽니다. 우리가 사는 세상에는 어떤 규칙이 있기 때문입니다. 규칙이 없을 수가 있을까요? 규칙이 없는 무엇인가가 있다면 우리는 그것을 인식할 수도, 이해할 수도, 그래서 말할 수도 없습니다. 왜냐하면 혼돈스럽기 때문입니다. 그런데 심지어 이렇게 혼돈스러운 것조차도 카오스 이론(Chaos theory)에서는 나름대로 질서와 규칙성을 지니고 있다고 말합니다. "왜 나만 이럴까"라고 누군가는 묻고, 그 이야기를 들은 누군가는 "다 그런 법이다"라고 말합니다. 이게 질서이고, 규칙이며, 법입니다. 그런 '법'에서 빠져나오려면 새로운 법을 만들든가, 요즘말로 '정줄(정신줄)을 놓아야' 합니다.

"우리 세 식구의 밥줄을 쥐고 있는 사장님/ 나의 하늘이다.// …높은 사람, 힘 있는 사람, 돈 많은 사람은/ 모두 우리의 생을 관장하는/ 검은 하늘이다.// …아 우리도 하늘이 되고 싶다/ 짓누르는 먹구름 하늘이 아닌 서로를 받쳐 주는/ 우리 모두 서로가 서로에게 푸른 하늘이 되는 그런 세상이고 싶다." 박노해 시인의 〈하늘〉이라는 시의 한 구절입니다. 노동운동가, 평화운동가이기도 한 박노해 시인은 '높은 사람, 힘 있는 사람, 돈 많은 사람'이 '밥줄을 쥐고 있고, 우리의 생을 관장하는' 하늘이라고 말합니다. 그래서 시인이 말하는 하늘은 사람일 수도 있지만 법이기도 합니다. 왜냐하면 우리는 사람이나 폭력이 아닌 법이 지배하는 법치국가에 살고 있기 때문입니다.

법치국가라고 말할 때의 법은 '다 그런 법이다'라고 할 때의 법은 아닙니다. 이 법은 근대 국가의 탄생과 함께 만들어진 사회 규범입니다. 그래서 법은 그것을 제정한 사회를 벗어날 수 없습니다. 그리고 그것을 제정할 수 있는 사람들의 이익을 반영하고 있습니다. 박노해 시인은 법의 이런 점에 주목했기 때문에, 법을 제정하는 데 영향력을 미칠 수 있는 사람들을 '하늘'이라고 표현했습니다. 물론 법에는 이렇게 부정적인 면도 있습니다. 하지만 법이 꼭 그런 것만은 아닙니다. 우선 법의 가장 이상적인 면을 말한다면, '본보기'라고 할 수 있습니다. 노자는 이렇게 표현합니다.

> 어떤 것이 뒤섞여 이루어져 있는데, 이것은 천지가 있기 전에 있었다. 고요하구나, 비어 있구나. 홀로 서 있고, 고치지 않는구나. 두루 행해도 위태롭지 않으니, 천하의 어머니가 될 만하다. 나는 그 이름을 모르지만, 도(道)라는 글자를 붙이고, '크다'고 억지로 이름을 붙인다. '크다'고 하면 '멀리 가고', '멀리 간다'고 하면 '멀어진다'. '멀어지다'고 하면 '돌아온다.' 그래서 도(道)는 크고, 하늘은 크고, 땅은 크고, 왕(王)도 크다. 네 가지 큰 것이 있는데, 왕이 그 하나에 자리 잡는다. 사람은 땅을 본받고, 하늘은 도(道)를 본받으며, 도(道)는 자연(自然; 스스로 그러함)을 본받는다. 《도덕경》 25)

노자가 '사람은 땅을 본받고, 하늘은 도(道)를 본받으며, 도(道)는 자연을 본받는다'고 말할 때 술어로 쓴 '본받는다'가 원문에서는 법(法)으로 표기되어 있습니다. 곧, '인법지(人法地) 지법천(地法天) 천법도(天法道) 도법자연(道法自然)'이라고 되어 있습니다. 땅에 발 디디고 사는 사람은 땅의 이치, 곧 지리(地理)를 본받습니다. 그리고 지리도 홀로 생긴 것이 아니라, 하늘의 이치인 천문(天文)을 본받은 것입니다. 그리고 천문은 모든 것들의 이치인 도(道)를 본받은 것입니다. 도(道)는 본래부터 그러한 이치인 자연(自然)을 본받은 것입니다. 그러므로 여기서 말하는 도(道)는 신(神)이 아니고, 자연은 환경이 아닙니다.

"아빠, 어떻게 하면 그렇게 잘할 수 있어요?" 수영을 처음 배우는 민성이는 몇 번씩이나 물을 먹은 끝에 이렇게 말합니다. "온몸에 일단 힘을 빼야 물에 뜨는 거야." 아빠가 이렇게 대답하자, 민성이는 눈을 동그랗게 뜨고 되묻습니다. "그러면 물에 빠지지 않아요?" 아빠의 머릿속은 복잡해집니다. 밀도와 부력에 대해서 설명해줘야 하기 때문입니다. 물은 기체와 달리 압축되지 않고, 수심에 관계없이 그 밀도가 일정한데, 민물의 밀도는 $1g/cc$, 해수의 밀도는 $1.025g/cc$입니다. 아르키메데스가 목욕을 하다가 발견했다는 부력은, 물체가 물에 잠기면 그 부피에 상당하는 물의 무게만큼 작용하는 힘입니다. 부력은 밀도를 작게, 부피를 크게 할 때 많이 작용됩니다. 그래서 몸에 힘을 빼서 밀도를 작게, 온몸을 쭉 펴서 부피를 크게 하면 물에 빠지지 않습니다. 이 이상을 설명하는 것은 아빠에게 버겁지만, 이 이야기도 5학년인 민성이에게 버겁습니다. 그래서 이렇게 말합니다. "배는 무게가 많이 나가지만 바다에 가라앉지 않아. 그러니까 배처럼 온몸을 쭉 펴 보렴." 민성이는 아직 이해를 못한 눈치입니다. "그냥 네가 물고기가 되었다고 생각하면 안 되겠니?" 아빠가 말하자, "물고기는 원래 그렇지만, 사람은 그런 거 아니잖아요"라고 민성이가 볼멘소리를 합니다.

아르키메데스 이전에는 분명히 부력이라는 걸 몰랐을 겁니다. 통나무배나 테우(제주도의 뗏목)를 만들어서 몰고 대양을 건넜을지언정 말입니다. 물고기를 보고 배웠을 수도 있고, 물에 떠내려가는 통나무들을 보고 착안했을 수도 있습니다. 그런데 물고기나 통나무배가 뜨는 원리는 수영하는 사람이 물에 뜨는 원리와 같습니다. 그걸 우리는 부력이라고 부릅니다. 이렇게 원래 그런 것이 자연입니다. 그것을 사람들이 천문지리라고 불렀고, 도(道)라고 부른 것에 지나지 않습니다. 그런데 그것을 천문지리나 도라고 부른 것이 다름 아닌 사람이기 때문에, 법(法)은 때때로 그것을 제정하는 사람에 따라 완전히 다른 모습으로 드러나기도 합니다.

〈십이국기〉에서는 중국 최초의 통일제국이라고 할 수 있는 진(秦)나라를 연상시키는 방국(芳國)에 대한 이야기를 다룹니다. 요코가 왕이 되어서 첫 번째로 내리는 조칙(詔勅), 곧 초칙(初勅)을 내리는 데 영향을 끼치는 인물 가운데 하나가 방국의 전 공주인 쇼케이이기 때문입니다. 쇼케이의 아버지 츄타츠는 하관(夏官; 군사와 병무를 담당하는 부서) 출신인데, 즉위 전에도 법치국가인 류국(柳國)을 목표로 삼아 청렴결백하였으므로 제관들의 존경을 받았다고 합니다. 그러나 즉위 후에 죄를 혐오하여 극단적인 정치를 펼치다가, 평소 신임하던 혜주후 겟케이에게 주살(誅殺)당합니다.

"가혹한 법으로 오랫동안 백성을 괴롭힌 왕과 그 왕에게 참언하여 죄 없는 백성을 주살해온 왕후, 둘 다 백성의 원한을 깨닫도록 하라."
"왕은 모두 백성을 위해서 한 거야!"
"호우린(방국의 기린)이 도를 잃어버리니 이렇다. 왕의 재판은 가렴주구(苛斂誅求)보다 지독했다. 30만, 일 년에 30만 백성이 사형당했다. 빈곤을 견디다 못해 떡 하나를 훔친 어린애에게까지 죽음을 내리는 것이 백성을 위해서냐! 세금이 약간만 부족해도 사형! 병 때문에 부역을 쉬어도 사형! 백성의 공포는 지금 너희들에게 비할 바가 아니다!"
(TV 시리즈 제23화 〈바람의 만리, 여명의 하늘. 1장〉)

아버지를 변호하는 쇼케이의 말은 '법은 백성을 위한 거야'로 들립니다. 그런데 겟케이의 대답은 그런 법의 목적이 어디에 있는지를 되묻는 것으로 들립니다. 이제 이 이야기는 인정(仁政)이라는 중국철학의 이상으로 넘어갑니다.

인정(仁政), 자기 자신이라는 영토를 다스림

이 작품은 제작이 한 번 무산된 일이 있습니다. NHK BS2의 위성 애니메이션으로 매회 직접 본 입장에서는 45회 이후에 시즌 2가 나와야 된다고 생각할 만큼 대하 서사극을 떠올리게 하는 웅장한 판타지 작품입니다. 그래서 스폰서들도 제작 당시에 시청자의 연령을 좀 더 높게 잡아서 골든 타임대에 편성해야 한다고 요구했습니다. 그 과정에서 제작이 무산되었던 것입니다.

그리고 좀 의외인 것은 일본 국영방송인 NHK에서 다소 무거울 수 있는 이 작품을 방영했다는 것입니다. NHK는 어린이들에게 꿈과 희망을 주는 교육적이고 따뜻한 내용을 방영한다는 원칙을 유지해왔습니다. 실제로 〈신비한 바다의 나디아〉를 방영할 때는 NHK의 노선에 변화가 생긴 것은 아닌가 하는 의혹이 제기된 일도 있습니다. 그래서 〈신비한 바다의 나디아〉는 중간에 어린이용 스토리를 무리하게 집어넣기도 했습니다.

이 45부작의 애니메이션을 보고 나면, 중국 춘추전국시대의 역사서 한 편을 읽는 것 같다는 느낌이 듭니다. 이 말 뒤에 인용할 긴 대화 때문에 하는 변명이 아닙니다. 실제로 공자와 맹자가 말한 '인간다운 정치, 인간다움을 보장하는 정치'가 무엇인지는 다음의 대화를 들어보면 쉽게 이해됩니다.

"…양심에 거리낄 것 없는 자는 당황할 것 없다. 모두 일어서도록."
"주상!"
"게이키도 들어줬으면 해. 나는 다른 사람에게 절을 받거나 사람들 사이에 서열이 있는 걸 좋아하지 않아. 상대의 얼굴이 보이지 않는 건 싫어. 다른 사람에게 고두(叩頭 ; 머리를 조아림) 받는 것도 고두하는 사람을 보는 것도 불쾌해."
"기다려주십시오!"
"이 이후 예전(禮典), 제전(祭典) 및 제반 규칙이 있는 의식, 다른 나라의 빈객(賓客)을 맞는 경우를 제외하고는 복례(伏禮)를 폐지하여 궤례(軌禮), 입례(立禮)만으로 한다."
"주상!"
"벌써 결심했어."
"업신여김을 당한다고 분노하는 자들이 있을 겁니다."

"다른 사람에게 머리를 숙이게 함으로써 자신의 지위를 확인하지 않으면 안심 못하는 자들 따위는 내가 알 바 아니야. 그것보다도 다른 사람에게 머리를 숙일 때마다 망가져가는 사람 쪽이 더 큰 문제라고 나는 생각해. 사람은 말이야, 게이키, 진실로 상대에게 감사하고 마음으로부터 존경심을 느꼈을 때는 저절로 머리가 숙여지는 거야. 타인에 대해서 예의를 갖추고 만난다는 것은 당연한 일이야. 예의를 갖추거나 갖추지 않는 것은 본인의 품성 문제지, 그 이상은 아니라는 소리야."

"그것은…그렇습니다."

"나는 경국의 모든 백성이 왕이 되어주었으면 한다. 지위로 예의를 강요하고 타인을 짓밟는 데 익숙해진 자의 말로(末路)는 쇼코우, 가호우의 예를 들 필요도 없이 명확하겠지. 그리고 짓밟히는 것을 받아들인 사람들이 가는 길 또한 마찬가지다. 사람은 그 누구의 노예도 아니다. 그러기 위해 태어나는 게 아니야. 타인에게 핍박받아도 굴하지 않는 마음, 불행과 마주해도 꺾이는 일이 없는 마음, 부정이 있으면 바로 잡기를 두려워하지 않고 짐승에게 아첨하지 않는 그런 마음. 나는 경(慶)의 백성이 그런 자유로운 백성이 되어주기를 바란다. 자기 자신이라는 영토를 통치하는 유일무이한 군주가 그렇게 하려면 우선 타인 앞에서 의연히 고개를 드는 것부터 시작하고 싶다. 제관들은 내게 경국을 어떻게 이끌어가겠느냐고 물었다. 이것이 대답이 될까? 그 증거로서 복례를 폐한다. 이것을 초칙(初勅)으로 한다."

(TV 시리즈 제39화 〈바람의 만리, 여명의 하늘. 종장〉)

하기는 요코가 현대의 일본에서 고등학교를 다녔다는 점을 감안해야 합니다. 공자나 맹자가 오늘날 우리나라에서 고등학교를 다녔다면 학설에 변화가 좀 생겼을지도 모를 일입니다. 한 번 웃어보자고 하는 말이니, 심각하게 받아들일 필요는 없습니다.

〈십이국기〉에서 초칙(初勅)은 왕이 즉위 후에 처음으로 내리는 명령입니다. 그 내용을 보면 앞으로 국가를 어떻게 통치해 나갈 것인가를 알 수 있습니다. 안국(雁國)의 왕인 쇼류가 "경왕이 쓴 초칙을 보았느냐?"고 묻는 라크슌에게 "나로선 생각도 못한 초칙이야. 난 이 나라를 어떻게든 번영시키려고 하는 것만으로도 힘에 부치지만, 녀석은 나라 자체를 변화시킬 셈인지도 몰라"라고 한 이유도 바로 그래서입니다. 경국의 왕인 요코가 내린 초칙은 근대적 시민사회의 이상을 담고 있습니다. 그런데 그 바탕은 공자와 맹자의 인의정치(仁義政治) 사상입니다. 그 위에 근대적 시민사회의 이상을 펼쳐 놓은 것입니다.

> 장례를 치를 때는 귀한 흰 베를 정성스럽게 짠 관(冠, 모자)을 쓰는 것이 옛날의 전통이지만, 요즘에는 구하기 쉬운 검은 관을 주로 쓴다. 이것은 검소한 일이므로 나는 요즘의 유행을 따르겠다. 군주에게는 계단 아래에서 절하는 것이 옛날의 전통이지만, 요즘에는 위에서 마주보고 절한다. 이것은 오만한 일이므로 나는 요즘의 유행을 따르지 않겠다.
> 《논어》〈자한〉 3)

공자는 전통을 고집하지도, 변화를 두려워하지도 않았습니다. 왜냐하면 그는 사람다움이라는 큰 원칙이 올바름인 의(義)를 바탕으로 했다고 생각했기 때문입니다. 전통을 지킨다고 하지만, 사실은 변화가 두려워서 하는 변명일 수 있습니다. 변화를 수용해야 한다고 하지만, 사실은 전통을 지키는 일이 버거워서 하는 변명일 수 있습니다.

요코는 쇼케이와 그의 아버지인 츄타츠를 통해서 자신만의 원칙을 고집하는 일이 얼마나 참혹한 결과를 낳는지를 알았습니다. 그리고 스즈와 선대 경왕인 조카쿠, 그리고 경국의 관리들을 통해서 원칙이 없으면 얼마나 살기 어려운지를 알았습니다. 그래서 요코는 백성들과 함께 화주 지수향(止水鄉)의 향장(鄉長)인 쇼코우와 화주 주후(州侯)인 가호우와 싸웠고, 추관장(秋官長)에게 그 법 집행을 엄격히 하라고 명령합니다. 그러면서도 국법보다는 도리를 중시하다가 반역죄로 몰린 고우칸을 육관(六官)의 장(長)인 총재(家宰)에 임명합니다. 여기까지는 공자와 맹자처럼 모든 일이 의(義)를 바탕으로 한다는 인식을 보여줍니다.

좀 더 나아가서 복례(伏禮), 곧 조정에서 임금을 알현할 때 머리를 조아리는 예를 폐지하는 것을 초칙으로 합니다. 그 이유는 '다른 사람에게 머리를 숙일 때마다 망가져 가는 사람 쪽이 더 큰 문제'라고 생각하기 때문입니다. 현대에서 봉건사회로 돌아간 요코가 인정(仁政)의 출발점으로 본 것은 백성들 모두가 자기 자신이라는 영토를 다스리는 왕이라고 생각하는 것이었습니다. 이것이 시민사회에서 변화된 의(義)입니다.

6

지금의 의미를 찾은 소녀의 이야기

시간을 달리는 소녀

원작 : 時をかける少女(2006)
감독 : 호소다 마모루

✤ 등장인물

곤노 마코토 : 성적이 뛰어나지도, 외모가 예쁘지도 않은 이렇다 할 만한 특기도 없는 평범한 여고생. 매일 지각을 밥 먹듯이 하고 실수투성이지만 성격은 쾌활하고 활발함. 지아키, 고스케와 야구놀이를 즐겨함. 우연히 과거와 현재, 미래를 왔다 갔다 하는 타임리프 능력을 얻게 되고, 그래서 지아키와 고스케와의 우정이 복잡하게 얽히지만, 결국 시간과 우정의 의미를 깨닫게 됨.

마미야 지아키 : 봄학기에 갑자기 전학 온 마코토의 베스트 프렌드. 야구를 가장 좋아하여 마코토와 고스케와 함께 방과 후 야구놀이를 즐김. 나중에 마코토에게 자신은 미래에서 왔다고 말해줌으로써 타임리프의 비밀을 알려줌.

쓰다 고스케 : 마코토와 지아키의 친구. 모범생이며 성실하고 마음씨 따뜻한 성격의 소유자.

요시야마 가즈코 : 마코토의 이모. 마코토가 타임리프 능력을 얻게 된 사실을 알고, 그 또래 여자아이에게는 흔히 일어나는 일이라고 설명해줌.

유리 : 마코토의 클래스메이트. 마코토 덕분에 지아키의 여자친구가 됨.

스토리 라인

마코토가 살고 있는 동네의 골목 풍경

　평범한 고등학교 2학년인 마코토는 어느 날 과학실험실에서 넘어졌다가 시간을 이동할 수 있는 능력을 얻게 된다. 그런 일이 있고 난 다른 날, 마코토는 자전거를 타고 등교를 한다. 하지만 자전거 브레이크가 고장 나 전동차에 치일 뻔한 순간, 시간이 되돌아가서 목숨을 건지는 우연한 사건을 겪는다. 목숨을 건진 마코토는 미술관에서 일하는 요시야마 가즈코 이모에게 이 사건을 알리고 상담해보지만, 가즈코는 그것은 '타임리프'라고 불리는 것으로 마코토 또래의 여자아이에게 종종 일어나는 일이라며 아무렇지도 않게 설명한다.

　시간을 이동할 수 있는 능력을 알게 된 후, 마코토는 여러 번의 시행착오를 겪어, 드디어 자기 마음대로 시간을 거슬러 올라갈 수 있게 된다. 그렇게 마코토는 자신이 원할 때마다 시간을 되돌리면서 자기에게 좋은

마코토는 과학실험실에 넘어졌다가 시간을 이동할 수 있는 능력을 얻게 된다.

방향으로 시간을 사용하게 된다.

그러던 어느 날, 그녀의 클래스메이트인 지아키와 고스케와의 관계에 미묘한 변화가 생긴다. 방과 후 함께 야구를 하다가 여자 후배가 고스케에게 찾아와 고백을 하게 되고, 이 사실을 들은 지아키는 돌아가는 길에 마코토에게 "나랑 사귀자"며 고백을 한다. 지아키의 고백에 당황한 마코토는 타임리프를 통해 그 고백을 없었던 일로 만들어버린다. 그때부터 세 사람의 관계가 급속도로 꼬이기 시작한다.

마코토는 이렇게 꼬인 관계를 다시금 정리하기 위해 분주히 타임리프를 사용해 모든 관계를 정리하기 시작한다. 결국 지아키는 유리라는 친구와 잘 되어가고, 고스케도 사랑을 고백한 후배와 사귀게 되었지만, 막상 지아키가 유리와 사귀게 되자 마코토는 왠지 서운해진다. 그러다가 목욕을 하던 중 자신의 팔뚝에 쓰여 있는 숫자를 발견하고는, 이것이 타임리프를 할 수 있는 제한 횟수임을 눈치 챈다.

어느 날 방과 후 고스케가 자전거를 빌린다는 말을 듣고 마코토는 자신

자전거 브레이크가 고장 나 전동차에 치일 뻔한 순간, 시간이 되돌아가서 목숨을 건지는 우연한 사건을 경험한다.

이 자전거 브레이크가 고장 나 전동차에 치일 뻔한 날을 떠올린다. 하지만 이미 고스케는 브레이크가 망가진 자전거를 빌려 타고 가버리고, 마코토는 사고를 예감하고는 고스케의 사고를 막기 위해 자신에게 사고가 날 뻔했던 역으로 헐레벌떡 달려간다.

역에 도착한 마코토는 다행히 아무 일도 일어나지 않은 것을 알고 안도의 숨을 내쉰다. 그 순간, 지아키에게서 한 통의 전화가 걸려온다. 그리고 지아키의 예리한 한 마디가 들린다. "너 타임리프 하고 있냐?" 순간 당황한 마코토는 다시 타임리프를 사용해 조금 전으로 돌아가 지아키의 질문을 없었던 일로 만들어버리면서 타임리프의 제한 횟수를 모두 사용해버린다.

바로 그때 고스케가 마코토의 자전거 뒤에 후배를 태우고는 마코토 옆을 지나간다. 어찌해볼 겨를도 없이 브레이크가 고장 난 자전거가 순식간에 전동차로 뛰어들게 되는 순간 갑자기 시간이 정지해버린다. 그리고 그곳에 지아키가 나타난다.

지아키는 마코토에게 자신이 미래에서 온 사람이며, 자신이 살던 미래

"미래에서 기다릴게"라는 말을 남기고 마코토와 헤어지는 지아키

로 돌아갈 마지막 타임리프를 사용해서 고스케의 사고를 막은 것이라고 말해준다. 또한 지아키는 마코토에게 자신이 잃어버린 타임리프를 찾고 있었는데, 이 타임리프를 가능하게 해주는 장치는 미래 세계에서 발명되었다고 설명해준다. 하지만 이제 자신은 타임리프를 모두 사용했기 때문에 미래로 돌아갈 수 없고 과거의 사람에게 타임리프의 존재를 들키면 안 되기 때문에 다시는 만날 수 없다고 말하고는 사라진다.

그 일이 있은 후 지아키는 정말로 어디에도 보이지 않는다. 비로소 마코토는 지아키가 자신에게 어떤 존재인지를 알고 우울해 한다. 그때 문득 마코토는 자신의 타임리프 횟수가 단 한 번 남아 있음을 발견하게 된다. 지아키가 시간을 되돌려준 덕분에 마지막 타임리프 횟수가 다시 돌아온 것이다. 그래서 마코토는 다시금 자기가 사고가 날 뻔한 날로 돌아가 처음부터 모든 것을 정리하고는 지아키를 찾아가 작별인사를 고한다. 그렇게 지아키는 다시 미래로 돌아갈 수 있게 된다. 지아키는 "미래에서 기다릴게"라는 말을 남기고 마코토와 헤어진다.

가끔은 누군가를 기다려주는 시간

'시간은 누구도 기다려주지 않는다(Time waits for no one).' 곤노 마코토가 칠판에 쓴 이 글을 마저 읽기 전에 마법 같은 일이 시작됩니다. 그때까지 마코토는 그게 뭔지 정확하게 알지는 못했지만, 과학실에서 타임리프(Time leap)를 경험하게 되었기 때문입니다. 과학실에서 타임리프를 경험한다는 설정은 쓰쓰이 야스타카(筒井康隆)가 1963년에 쓴 단편 <시간을 달리는 소녀>와 겹칩니다. 이 애니메이션은 1963년의 원작을 바탕으로 한 여덟 번의 리메이크 작품 가운데 하나이기 때문입니다. 하지만 원작의 시점에서 20년이 지난 뒤의 상황을 다루고 있습니다. 그래서 원작의 요시야마 가즈코가 이모로 등장합니다.

그런데도 이 둘은 묘하게도 서로 연결되는 장면들이 있습니다. 대표적인 장면이 과학실에서 정체 모를 검은 그림자의 정체를 찾다가 타임리프를 경험하게 된다는 것입니다. 물론 원작에서는 타임리프를 할 수 있도록 하는 것이 라벤다 향이 나는 약물이고, 애니메이션에서는 호두 모양으로 생긴 기계라는 설정이 다르기는 합니다. 그럼에도 불구하고 애니메이션의 마미야 지아키와 원작의 후카마쓰 가즈오가 말하는 '미래에서 기다릴게'라는 대사는 서로 겹칩니다.

20년 뒤의 일을 다루고 있으면서도 원작과 겹치는 장면이 많다는 것으로 굳이 이야기를 시작한 이유는 이 이야기가 시간을 소재로 하기 때문입니다. 결론부터 말하자면, 시간은 가끔 누군가를 기다려주고, 심지어는 다른 사람에게 반복되기도 합니다. 영화 〈매트릭스 1〉에서는 검은 고양이가 지나가는 장면이 두 번 겹칩니다. 영화 속에서는 이 데자뷰(deja-vu) 현상이 매트릭스에 문제가 생긴 것을 수정하는 과정에서 생긴 오류라고 설명합니다. 그런데 학자들은 이 데자뷰 현상이 일종의 착각 때문에 발생한다고 설명합니다. 우리는 어떤 것을 볼 때 세세한 면보다는 전체적인 모습이나 특징을 가지고 기억합니다. 심리적으로나 육체적으로 피로할 때는 그 기억들이 복합적으로 작용해서 착각을 일으킨다는 것입니다.

하지만 착각으로 보기에는 좀 힘든 설정도 있습니다. 예컨대, 애니메이션 판 〈시간을 달리는 소녀〉를 보았을 때 제일 처음 떠오른 것이 〈사랑의 블랙홀Groundhog Day〉(1992)이라고 번역된 영화입니다. 이 영화는 필 코너스라는 인물이 성촉절(우리나라에서는 경칩)인 2월 2일 하루를 무한 반복 경험한다는 내용입니다. 그러므로 〈시간을 달리는 소녀〉와는 조금 다릅니다. 하지만 무한 반복되는 하루의 순간순간에 어떤 선택을 하느냐에 따라 조금씩 다른 일들이 펼쳐진다는 점은 비슷합니다. 그리고 이 영화의 주제인 '진정한 관계'를 깨달으면서 무한 반복이 끝난다는 설정도 보기에 따라서는 비슷합니다.

어쩌면 갈매기의 꿈으로 유명한 작가 리처드 바크(Richard Bach)의 소설 《하나One》가 〈시간을 달리는 소녀〉와 좀 더 비슷할 것 같기도 합니다. 《하나》에서는 수많은 선택의 시점에서 어떻게 선택하느냐에 따라 수많은 현실이 생깁니다. 간단히 이야기한다면 이렇습니다.

이 책이 있다는 것을 처음 알게 되었을 때(A) 우리는 최소한 두 가지 가운데 하나를 선택할 수 있습니다. 이 책을 읽거나(A1), 이 책을 읽지 않을 수 있습니다(A2). 이 책을 읽지 않을 때는 수많은 다른 선택이 가능하므로 일단 배제시키겠습니다. 이 책을 읽을 때 끝까지 읽을 수도 있고(A1-1), 끝까지 읽지 않을 수도 있습니다(A1-2). 이 책을 끝까지 읽을 때 이 책에 나오는 애니메이션을 볼 수도 있고(A1-1-1), 애니메이션을 보지 않을 수도 있습니다(A1-1-2). 이 책에 나오는 애니메이션을 보았을 때 재미있다고 생각할 수도 있고(A1-1-1-1), 재미없다고 생각할 수도 있습니다(A1-1-1-2). 이 책에 나오는 애니메이션을 보고 재미있다고 생각했을 때 애니메이션 작가가 되려고 생각할 수도 있고(A1-1-1-1-1), 애니메이션보다는 동양철학에 더 관심을 가져 동양철학자가 되려고 생각할 수도 있습니다(A1-1-1-1-2).

이렇게 다섯 단계만 거쳐도 상당히 다른 결과를 낳을 수 있습니다. 그런데 《하나》에서는 A1, A2, A1-1, A1-2, A2-1, A2-2… 등이 각각 그 시간 속에서는 모두 현실이라고 말합니다. 그러므로 이 세계에는 수많은 현실이 있습니다. 《하나》에서는 이렇게 수많은 현실들을 '삶의 무늬'라고 표현합니다.

이렇게 시간을 공간화시킨 설정은 여러 모로 재미있습니다. 과거로 간다든가, 미래로 간다든가 하는 것들은 시간을 공간화시켰기 때문에 가능한 것입니다. 실제로 우리가 경험할 수 있는 시간은 언제나 지금뿐입니다. 그리고 과거-현재-미래라는 시간의 흐름도 현실에서는 언제나 한 쪽 방향으로만 작용합니다. 왜 이런 일이 벌어지는지는 과학적으로 규명해야 할 일이지만, 시간도 공간처럼 이쪽에서 저쪽으로, 다시 저쪽에서 이쪽으로 옮겨 갈 수 있으면 얼마나 좋을까요? 그렇게 할 수만 있다면, 우리가 잊어버리고 싶은 일들을 바로 잡을 수 있지 않을까요? 그래서 후회하는 것을 하지 않고 살 수 있지 않을까요? 이렇게 묻다 보면 우리가 시간을 거슬러 올라가거나 시간을 뛰어넘으려고 하는 이유를 찾게 됩니다. 우리는 시간 속에서 '연속되는 성장'의 의미를 찾으려고 합니다. 누구든 시간여행을 경험하는 그 시간에 무언가 되돌려놓아야 할 어떤 문제를 안고 있고, 시간 경험을 통해 그것을 해결함으로써 결국은 성장하게 되니까요.

이 애니메이션도 결과적으로는 성장통(成長痛)을 다룹니다. 지칸(時間)이라고 쓰지 않고, 도키(時)라고 쓰는 이유도 바로 여기에 있습니다. 도키는 손목시계로 확인할 수 있는 시간이 아니라, '나도 쉴 때가 필요해'라고 할 때의 그 '때', '시기'의 시간이기 때문입니다. 그리고 일본어 가케루(かける)가 여러 가지 뜻을 가지고 있다는 것도 눈여겨 볼 만합니다. 우리말로는 '달린다(駆ける)'고 번역했고, 실제로 애니메이션에서는 타임리프를 할 때 마코토가 부지런히도 달립니다. 하지만 걸다(掛ける), 모자라다(欠ける), 내기하다(賭ける), 날다(翔る)도 모두 가케루로 읽습니다.

  出かける時、身支度に時間をかける.

 이 문장은 '바깥에 나갈 때, 몸단장에 시간이 걸린다'로 번역할 수 있습니다. 이 문장의 용례를 따라 '시간이 걸리는 소녀'라고 번역하면 어색할 수도 있습니다. 하지만 주제가인 '변하지 않는 것(変わらないもの)'에는 '시간을 뛰어넘는 마음이 있어(時を越えてく 思いがある)'라는 가사가 있습니다. 그런데도 '시간을 뛰어넘는 소녀'라고 하지 않은 이유가 어쩌면 '성장에 시간을 들이는 소녀', '성장하는 데 시간이 필요한 소녀'이기 때문이 아닐까요. 그리고 어쩌면 미래에서 기다린다던 지아키를 만나려고 '시간을 들이는 소녀'라고도 할 수 있겠습니다.
 이 애니메이션의 제목은 영문으로도 '시간을 뛰어넘은 소녀(The Girl Who Leapt Through Time)'라고 번역되었습니다. 그러므로 '시간을 들이는'이라거나 '시간을 필요로 하는'이라고 하는 데 굳이 초점을 맞출 필요는 없습니다. 미래에서 기다리는 지아키와 마코토가 만났을 때 둘의 나이가 얼마쯤 차이가 나는지를 계산하는 일과 같기 때문입니다. 하지만 이 애니메이션에서는 가끔은 누군가를 기다려주는 시간을 주제로 합니다. 이제 시간과 역사, 위대한 일상이라는 주제로 이 작품을 들여다볼까요.

시간이란 무엇인가?

흔히 쓰는 말 가운데서 곰곰이 생각하면 대답하기 어려운 말들이 있습니다. "아빠, 오늘은 시간 있어요?" 등교 시간에 꼼지락거리는 아빠가 이상한지 익성이가 묻습니다. 이때 익성이는 "아빠, 오늘은 그렇게 꼼지락거려도 될 시간이 있는 거예요?"를 물은 것입니다. 그런데 그냥 "시간 있어요?"라고 물었다고 생각하면 대답하기가 모호합니다. 시간이 없는 경우는 생각할 수 없기 때문입니다. 우리는 시간 속에서 삽니다. 그런데 그렇다고 해서 시간이 있느냐고, 그래서 그걸 보여줄 수 있느냐고 물으면 대답하기가 난처합니다. 시간이란 정말 있는 걸까요? 시간이 없는 경우는 없을까요?

"밤이 도다./ 봄이다.// 밤만도 애닯은데,/ 봄만도 생각인데,// 날을 빠르다./ 봄은 간다." 김억 시인의 〈봄은 간다〉라는 시의 한 구절입니다. 이 시를 해설하는 사람들은 '봄은 언제나 슬프고 절망적인 시간'이라고 말합니다. 그런데 '언제나 슬프고 절망적인 시간이 간다'라고 하면 좀 어색합니다. '언제 어디건 시간이 지나지 않는 법이 있는가?'라는 생각이 들어서 그렇습니다. 시간은 '시각과 시각 사이의 간격, 또는 단위'입니다. 그리고 그것은 한쪽 방향으로 흘러갑니다. 붙잡고 싶어도, 돌이키고 싶어도 그렇게 못 하는 것이 시간입니다. 그렇다면 도대체 이 시간은 정확하게 무엇일까요?

시간은 물리현상이 일어나는 공간을 설명하기 위해 도입된 보조 개념입니다. 예컨대, A라고 하는 지점에서 A가 아닌 어떤 지점으로

'이동'하는 물리현상이 일어났다고 하죠. 그렇다면 A라고 하는 지점에 있을 때가 A가 아닌 어떤 지점에 있을 때보다 시간 순서상으로 앞이 됩니다. '이전에는 저기에 있었는데, 지금은 여기에 있다. 그리고 나중에는 거기에 있을 것이다'라고 할 때 과거-현재-미래의 시간이 생기는 것입니다.

말이 나왔으니, 과거-현재-미래에 대한 복잡한 이야기를 하나 해 보죠. 시간이 한 쪽 방향으로 흐른다고 하는 것을 뒷받침하는 데는 세 가지 시간의 화살이라는 게 있다고 합니다. 이 세 가지 시간의 화살이란 열역학적 시간의 화살, 심리적 시간의 화살, 우주론적 시간의 화살입니다. 각각 설명은 좀 복잡할 수 있는데, 기본적으로 열역학적 시간의 화살, 곧 엔트로피 법칙에 바탕을 두고 심리학적, 우주론적으로 확장시켜 나간 것으로 볼 수 있습니다.

위에 있던 컵이 아래로 떨어져서 깨졌다면, 우리는 온전한 컵으로 있을 때가 깨졌을 때보다 시간적으로 우선한다고 생각합니다. 이것은 열역학 제2법칙이 적용되기 때문입니다. 우주를 다른 시공간과 에너지의 흐름이 없는 고립계(닫힌 계)로 볼 때, 모든 것은 엔트로피(무질서도)가 증가하는 방향으로 진행됩니다. 심리적 시간의 화살도 마찬가지입니다. 우리는 엔트로피 법칙에 따라 엔트로피가 증가하는 순서로 사물을 기억할 수밖에 없습니다. 쉽게 말하면 컵이 다시 올라가서 제 모양을 갖추는 것은 애니메이션에서나 가능한 일입니다. 우주론적 시간의 화살은 우주가 지금처럼 팽창하지 않고 수축하더라도 엔트로피는 계속 증가하는 방향을 띠게 된다는 것입니다. 쉽게 말하면 블랙홀로 들어가더라도 시간이 거꾸로 가는 일은 없습니다.

그런데 이런 시간의 순서가 왜곡될 가능성, 곧 타임워프(time warp)가 전혀 불가능한 것은 아닙니다. A지점에서 A지점이 아닌 곳으로 이동하는 동안에 동일한 속도로 이동하는 또 다른 물리현상이 일어나는 동안의 어떤 지점에서 본다면 이동이라는 물리현상이 실제로는 벌어지지 않는 것으로 볼 수 있기 때문입니다. 쉽게 말하면 이렇습니다. 고속도로에서 시속 100킬로미터로 달리는 1차선의 승용차와 2차선의 고속버스 승객은 동일한 속도로 동일한 공간을 지나치고 있는 중입니다. 그러므로 이 둘 사이에서는 어떤 운동도 일어나지 않습니다. 이렇게 시간 개념이 관찰자가 어떤 공간에 있느냐에 따라 달라지므로, 운동의 속도가 빛의 속도에 가깝게 빨라지면 우리가 절대시간이라고 생각하는 시간 자체가 왜곡되어버립니다. 이것이 상대성이론입니다.

상대성이론이 발표되자, 과거-현재-미래라고 하는 시간 순서가 뒤집힐 수 있다는 생각이 나오게 되었습니다. 그 가운데서 제일 먼저 나온 것이 1937년 반 스토쿰(Van Stocum)이라는 물리학자가 만든 시공간 모델입니다. 이 모델은 밀도가 아주 크고 무한한 원기둥이 빠르게 회전할 때 생긴다고 하는데, 무한한 물질이 필요하기 때문에 비현실적이라고 판단되었습니다. 그러다가 웜홀(wormhole, 벌레구멍) 이론이 등장했습니다. 웜홀은 개미구멍처럼 입구(블랙홀)와 출구(화이트홀)가 있는 통로입니다. SF영화에서 빛에 가까운 엄청난 속도 내지는 빛을 뛰어넘는 속도를 낸다면 시간여행이 가능하다고 보는 것은 이 웜홀 이론에 바탕을 둔 것입니다. 하지만 이 가설도 엄청난 에너지를 필요로 하는 웜홀을 어떻게 만들 것인지, 타임머신이 되기 전에 쌓이는 물질 에너지를 어떻게 감당할 것인지, 타임머신이 만들어져서 과거로 여행을 하게 되었을 때 생기는 인과율의 오류 문제를 어떻게 해결할 것인지는 여전히 문제꺼리입니다.

한편, 중국철학에서 시간의 문제는 '변화'와 관련되어 있습니다. 그래서 《석명釋名》〈석천釋天〉에서는 "시(時)는 기(期)다"라고 하지만, 일반적으로는 《역경易經》이 그 자체로 시간을 다루고 있다고 봅니다.

> 해가 가면 달이 오고, 달이 지면 해가 온다. 해와 달이 서로 밀고 가서 밝음이 생긴다. 추위가 가면 더위가 오고, 더위가 가면 추위가 온다. 추위와 더위가 서로 밀고 가서 한 해가 이루어진다. 가는 것은 굽히는 것이고, 오는 것은 펴는 것이다. 굽히고 펴는 것이 서로 움직여서 이로움이 생긴다.   (《역경》〈계사전〉 하 5)

《역경》의 시간관은 이렇게 서로 순환하고 반복하는 시간을 경험하는 데서 출발합니다. 역(易)이라는 글자에도 도마뱀설, 일월설, 자의설 등 여러 가지 기원이 있습니다. 고대 중국인들은 도마뱀이 하루에 열두 번씩 색깔을 바꾼다고 믿었습니다. 그리고 일월(日月)이 위의 인용문에서처럼 서로 순환한다고 생각했습니다. 이런 생각이 도마뱀설과 일월설을 낳았습니다. 한편, 자의설(字義說)은 역(易)이라는 글자에 '쉽다'는 뜻의 간이(簡易), '항상 변화하고 바뀐다'는 변역(變易), '그 자체는 바뀌거나 변하지 않는다'는 불역(不易)의 세 가지 의미가 있다는 데 주목한 것입니다.

시간에 대한 이야기에 초점을 맞추다 보니 많은 것들을 이야기하게 되었습니다. 그러면 작품으로 돌아가 봅시다. 마코토가 타임리프를 할 때마다 이미 벌어진 일이 변합니다. 그런데 마코토가 변하게 만드는 일들은 모두 일상의 일들입니다(간이). 그리고 결과적으로 그것들은 바뀌거나 변하지 않고, 그런 것들을 변하게 하는 마코토의 시간은 변함이 없습니다(불역). 물론 결과적으로 이런 시간들을 겪은 마코토는 스스로 변화합니다(변역). 이렇게 보면 이 작품에서도 역(易), 곧 변화의 세 가지 의미가 모두 드러납니다.

동양철학에서 시의(時宜)와 시중(時中), 그리고 중용(中庸)이라는 말을 강조하는 이유는 여기에 있습니다. 일상적인 실천이 일어나는 곳으로서 시간 속에서 우리는 너무 빠르지도 않고, 너무 늦지도 않게 선택된 알맞은 때를 찾아야 합니다. 이것이 시의적절(時宜適切)입니다. 그리고 변화하는 가운데서도 언제나 그것이 어떠해야 하는지 원칙을 잊지 않아야 합니다. 이것이 시중(時中)입니다. 그리고 결과적으로 그것은 현실을 벗어나지 않는데, 이것이 중용(中庸)의 진정한 의미입니다.

역사란 무엇인가?

우리가 살아온 날들을 돌이켜보면 수많은 사건들과 그에 따른 이야기들이 있습니다. 어디에서 태어나서, 어떻게 자라났는지, 그리고 어떤 사건들을 겪었는지 등과 같은 것을 우리말로는 발자취라고 합니다. 인류 사회도 이와 마찬가지로 인류종이 겪었던 변천과 흥망의 과정과 그것을 기록한 것이 있습니다. 이렇게 살아온 과정에 겪었던 사건의 집합이나 그 기록을 역사라고 합니다. 연혁(沿革), 내력(來歷), 자취는 모두 이것들을 가리키는 말들입니다.

영어로는 history라고 하는데, '그의 이야기(his story)'라는 어원에서 나왔다는 우스갯소리를 하기도 합니다. 가부장적 제도에 기반을 둔 기독교에서는 '하느님의 이야기'가 될 테지만, 실제로 history라는 말은 희랍어 '히스토리아(ιστορια)'에서 나왔습니다.

희랍어 히스토리아는 탐구, 또는 탐구를 통하여 얻은 지식을 가리키는 말입니다. 이 말은 '역사의 아버지'로 불린 헤로도토스(Herodotos, B.C. 484?~B.C. 425?)가 기원전 431년부터 기원전 425년에 쓴 것으로 알려진 저작에서 비롯되었습니다. 《히스토리아》에서 헤로도토스는 동서분쟁이라는 관점에서 중요한 페르시아 전쟁의 역사를 서술했습니다. 그러므로 역사가 하느님의 이야기라는 어원에서 비롯되었다는 것은 오해입니다. 물론, 남성중심의 시각이 역사 전반에 깔려 있다는 생각에서 요즘 여성주의 학자들이 'herstory'라는 새로운 용어를 만들기도 했습니다.

"우리는 알고 있다./ 오백년 한양/ 어리석은 자 떼 아직/ 몰려 있음을/ …오늘은 그들의 소굴/ 밤은 길지라도/ 우리 내일은 이길 것이다." 신동엽 시인의 〈밤은 길지라도 우리 내일은 이길 것이다〉이라는 시의 한 구절입니다. 시인은 과거 조선의 수도였던 한양을 지금의 서울로 설정합니다. 그리고 일제 강점기의 암울한 경험이 되풀이될 것을 두려워합니다. 지금 와서 생각해보면 시인의 역사인식이 엄정한 사실에 바탕을 두고 있는지에 대해서는 비판할 것이 꽤 있습니다. 왜냐하면 일제 강점기를 겪은 것이 조선 후기의 유학자들 탓이라는 생각도 사실은 일제가 식민지 침탈을 정당화하려고 우리 민족에게 강요한 것 가운데 하나이기 때문입니다. 하지만 시인의 역사인식 가운데 하나인 '역사가 되풀이될 수 있으므로 오늘의 우리는 그러한 것들을 두려워해야 하지만, 그것을 두려워하는 한 우리의 미래는 밝을 것이다'라는 것만큼은 주목할 만합니다. 왜냐하면 그것이 동양인의 기본적인 역사 관념이기 때문입니다.

우리말 역사(歷史)는 과거에 있었던 사실이나 인간이 과거에 행한 것을 뜻하는 역(歷)과 기록을 관장하는 사람, 또는 기록한다는 뜻의 사(史)가 합쳐진 말입니다. 그러므로 과거에 일어난 객관적 사실, 또는 그것을 기록한 것이라는 두 가지 뜻이 있습니다. 그런데 사(史)는 원래 활쏘기를 할 때 몇 대나 적중했는지를 기록하는 관리를 가리킵니다. 고대 중국에서 활쏘기는 신체를 단련하거나 여흥을 즐기는 방법만은 아니었습니다. 활쏘기는 고대 중국의 지식인이 갖추어야 하는 필수교양 과목인 육예(六藝; 禮·樂·射·御·書·數) 가운데 하나입니다. 그리고 적중(的中)이라는 말에서도 알 수 있듯이 과녁의 한가운데를 꿰뚫는 일은 세계를 경영할 의무를 가진 지식인이 무엇보다도 자기 자신의 수양에 힘써야 한다는 것을 되새겨야 한다는 교훈적인 의미를 담고 있기도 합니다. 그래서 사(史)는 단순히 기록을 담당하는 관리가 아니라, 신성한 임무를 담당하는 관리로 생각되었습니다.

신(臣) 아무개(김부식)는 아룁니다. 옛날에는 열국(列國)에서도 사관을 두어 일을 기록했습니다. 그러므로 맹자는 이렇게 말했습니다. '진(晉)나라의 승(乘)과 초(楚)나라의 도올(檮杌), 그리고 노(魯)나라의 춘추(春秋)는 하나다.' 그런데 여기 해동(海東)의 삼국(三國)은 지난 세월이 길고 오래되었으니, 마땅히 그 사실이 책으로 기록되어야 합니다. 그래서 늙은 신하에게 명하시어 이를 편집하게 하신 것인데, 스스로를 돌아보니 부족한 점이 많아 어찌할 바를 모르겠나이다.

(《동문선》 권44, 〈진삼국사기표進三國史記表〉)

위의 글은 고려 인종(仁宗) 때의 학자인 김부식(金富軾, 1075~1151)이 10명의 사관과 함께 《삼국사기》를 완성한 후 인종 23년(1145)에 지어 올린 표문입니다. 이 표문에서 김부식은 인종의 말을 빌려 중국의 역사에는 정통하지만, 우리의 역사에 무지한 당시 사대부의 병폐를 비판했습니다. 그리고 난 후 지나간 왕조의 역사를 정확하고 상세하게 기록해서 군주의 선악(善惡)과 신하의 충사(忠邪), 그리고 국가의 안위와 백성의 치란을 드러내어서 권계(勸誡)를 삼아야 한다고 주장했습니다. 그런데 이런 역사관은 김부식이 인용한 맹자에게서도 찾아볼 수 있습니다.

> 세상이 쇠퇴하고 도리가 미약해져서 비뚤어진 학설과 포악한 행동이 일어나서 신하이면서 그 임금을 시해하는 자가 있고, 아들이면서 그 아버지를 시해하는 자가 있었다. 공자께서 이를 두려워하시어 《춘추春秋》를 지으셨는데, 《춘추》는 천자(天子)가 짓는 것이다. 그래서 공자께서는 이렇게 말씀하셨다. '나를 알아주는 자도 《춘추》 때문이요, 나에게 죄를 주는 자도 오직 《춘추》 때문이다.' …옛날에 우(禹)임금께서 홍수를 막자 천하가 화평해졌고, 주공(周公)이 오랑캐를 겸병하고 맹수를 몰아내시자 백성들이 편안해졌으며, 공자께서 《춘추》를 완성하시자 반란을 일으키는 신하와 부모를 해치는 아들이 두려워했다.
> (《맹자》 〈등문공〉 하 9)

엄밀히 말하면 사실을 '있는 그대로 기록한다'는 것은 어렵거나 불가능합니다. 왜냐하면 그것을 기록하는 사람의 가치관에 영향을 받지 않을 수 없기 때문입니다. 심지어 사진이나 동영상으로 기록하는 것조차도 어떤 피사체를 어떤 각도로 얼마나 촬영하느냐에 따라 전혀 다른 결과물이 나올 수 있습니다. 하지만 그렇기 때문에 동양철학에서는 전통적으로 춘추필법(春秋筆法), 춘추사관(春秋史觀), 포폄사상(襃貶思想)이라는 것을 아주 중요하게 다루어왔습니다. 이 셋은 결과적으로 '공자의 역사관'을 가리키는 말입니다. 포폄이란 옳고 그르거나 선하고 악함을 사실에 기초하여 판단한다는 것으로, 공자가 노나라의 역사서인 《춘추》를 서술한 방식입니다. 그렇기 때문에 무엇보다도 역사를 기록하고 그것을 보는 사람 스스로가 옳고 그르거나 선하고 악함을 제대로 판단할 수 있는 가치관을 가져야 합니다.

작품으로 돌아가 봅시다. "이젠 왔다갔다 내 맘대로!"라면서 시간을 마음대로 할 수 있음을 자랑하는 마코토에게, 이모 가즈코는 "다행이야"라고 말합니다. 마코토가 그 대단한 일을 왜 그렇게 심드렁하게 대꾸하느냐고 물어보자, 가즈코는 "별로 대단한 일에는 안 쓴 것 같아서"라고 잘라서 말합니다. 그리고 "매일 너무너무 즐거워서 웃음이 멈추질 않는다니까"라고 말하는 마코토에게, "마코토가 이득을 본 만큼 손해를 보는 사람이 있지 않겠니?"라고 말합니다. 이 대화는 마코토가 "에? 있을까?"라고 되묻고, 가즈코가 "글쎄? 맛있네"라고 대답하면서 끝납니다.

맹자가 역사서인 《춘추》를 천자만이 지을 수 있다고 말한 이유도 여기에 있습니다. 천자는 천하를 책임지는 사람입니다. 우리는 왕이 되면 마음대로 할 수 있다고 생각합니다. 하지만 사실은 그와 다릅니다. 어쩌면 왕이 되는 순간, 그 무거운 책임감 때문에 왕궁을 빠져나와 거지와 옷을 바꿔 입고 싶을지도 모릅니다. 그 무거운 책임감을 인식하게 하는 것이 또한 역사입니다.

위대한 일상의 재발견

'시간도 공간처럼 마음대로 오갈 수 있을까?'라는 질문으로 이 이야기를 시작했습니다. 그리고 이론적으로 몇 가지 전제만 한다면, 불가능한 일도 아니라는 것을 알았습니다. 그다음으로는 우리 모두에게 그런 시간들의 종합인 역사라고 하는 것이 있다는 것도 알았습니다. 그 역사의 무게가 사실은 엄청나서, 시간을 마음대로 오갈 수 있다고 하더라도, 다시 되돌아가고 싶지 않을 것이라는 점도 이야기했습니다. 애니메이션의 주인공인 마코토처럼 어쩌면 우리도 처음에는 늦잠을 자고, 잃어버린 것들을 찾는 사소한 일들에 타임리프라는 능력을 쓸지도 모릅니다. 하지만 우리는 복구 지점을 설정해 놓은 컴퓨터가 아닙니다.

"아빠, 할아버지가 그러시는데, 우리 예전에는 엄청나게 부자였다면서요? 증조할아버지가 한국에 올 때 돈 엄청 많이 벌어 오셨다는데, 그거 왜 다 쓰셨대요? 지금까지 가지고 있으면 게임기도 사고, 하고 싶은 거 마음대로 할 건데요. 에잇, 아쉬워요." 둘째 익성이가 한마디를 툭 던집니다. 게임기를 못 사게 했더니, 돈이 없어서 그렇게 한 것으로 생각하는 모양입니다. 그리고 문득 "참, 아버지도. 뭘 그런 걸 애들한테 얘기해서 이렇게 난처하게 만든담" 하는 생각도 듭니다. 한두 번 들은 이야기가 아니라서 그렇습니다. 그런데 어린 시절에 그런 이야기를 들으면서 차라리 그렇게 다행이다 싶었던 적이 있었습니다. 왜냐고요? 만일 그렇게 부자였다면, 나를 낳아준 엄마를 만날 수 있었을까요? 지금까지 만난 좋은 사람들을 만날 수 있었을까요? 내가 지금 이렇게 생각하는 사람이 될 수 있었을까요? 이렇게 생각하다 보면 마코토의 이모인 가즈코처럼 대답할 수밖에 없습니다. "글쎄? 맛있네."

더 좋은 사람들을 만나고, 더 신나는 일을 했을 수도 있습니다. 하지만 그렇게 생각하는 순간, 그와는 반대되는 생각이 떠오릅니다. 덜 좋은 사람들을 만나, 덜 신나는 일을 했을 수도 있지 않을까요? 1997년에 제작된 영화 제목이기도 하지만, 우리가 사는 '오늘'은 사실 '이보다 더 좋을 순 없다(As good as it gets)'고 할 수 있습니다. 자신을 칭찬해달라는 캐롤에게 멜빈은 그 유명한 대사인 "당신은 내가 좀 더 좋은 사람이 되고 싶게 만들어(You make me want to be a better man)"라고 말했습니다. 물론 가슴 절절한 대사지만, "당신을 안아봐도 되겠소? 물어보고 하려는 건 아니었는데…. 당신을 안아보겠소. 더 잘할 수 있었는데…"라는 대사도 상당히 의미심장합니다. 왜냐하면 좀 더 좋은 사람이 되고 싶다는 소망도, 더 잘할 수 있었다는 후회도 모두 일상 속에서 벌어지는 것이기 때문입니다.

'두 번 다시 그런 일은 저지르지 않겠다'고 결심하는 일이 한두 가지가 아닙니다. 그렇게 마음먹었다가 결국은 되풀이되는 것도 한두 번이 아닙니다. 하지만 그렇기 때문에 우리가 사는 이 일상은 위대합니다. 우리는 이 일상이 변하지 않기를 바랍니다. 오죽하면 "사랑이 변하는 거야?"라고 질문하겠느냐는 말입니다. 그런데 시시각각으로 우리의 시간과 그 시간 속에서 벌어지는 일들은 바뀝니다. 하지만 그렇게 바뀌는 동안에도 바뀌지 않는 것이 있습니다.

　유가 철학의 용어 가운데 추뉴근저(樞紐根柢)라는 말이 있습니다. 본래 이 말은 주자의 "태극(太極)은 조화의 추뉴(樞紐)이며, 품휘의 근저(根柢)이다"라는 말에서 비롯되었습니다. 조화의 추뉴라는 것은 운동이 가능한 근거라는 말이고, 품휘의 근저라는 것은 만물의 존재 근거라는 말입니다. 노자는 모든 것이 변한다고 말했습니다. 하지만 모든 것이 변한다는 그 사실만큼은 변하지 않는다고도 말했습니다. 노자에게는 그 사실이 도(道)이고, 주자에게는 그 사실이 태극(太極)이지만, 이 둘은 사실 같은 것입니다.

　그런데 이렇게 보면, 도(道)라든지, 태극(太極)이라든지 하는 것들이 아주 대단한 것처럼 느껴집니다. 서양사상의 영향을 받은 우리들은 이것이 초월적(超越的)인 것이라고 생각합니다. 하지만 동양철학에서는 초월이라는 개념을 그렇게 중요하게 여기지 않습니다. 좀 더 솔직하게 말하면 동양철학은 현실을 벗어난 초월이라는 개념을 명확히 이해하지 못합니다. 도교의 옥황상제가 흰 수염에 흰 머리가 인상적인 할아버지 이미지로 구체화되는 이유도 여기에 있습니다. 그러면 모든 것이 변하는 데도 변하지 않는 그 도(道), 또는 태극은 무엇일까요?

　공자께서 말씀하셨다. "도(道)는 사람에게서 멀리 있지 않다. 사람이 도(道)를 하면서도 사람에게서 멀리하면 그것은 도(道)라고 할 수 없다."《시경詩經》에서는 이렇게 말했다. "도끼자루를 베는구나. 도끼자루를 베는구나. 그 법(法)이 멀지 않도다." 도끼자루를 가지고 도끼자루를 베면서 얼핏 보게 되지만, 오히려 그것을 멀게 여기게 된다. 군자는 남의 처지에서 남을 다스리다가 고치면 그친다. 충(忠)과 서(恕)는 도(道)에서 벗어남이 멀지 않으니, 자기에게 베풀지 않았으면 하는 일은 남에게 베풀지 않는다. …일상적인 도덕을 행하는 것과 평상시 말을 삼가는 데 모자람이 있으면 감히 힘쓰지 않은 것이 없다. 그리고 남음이 있으면 감히 다하지 않는다. 말은 행실을 돌아보고, 행실은 말을 돌아보아서, 이 둘이 서로 일치하도록 해야 한다. 그러므로 군자가 어찌 독실해야 하지 않겠는가. (《중용》 13)

주자는 《중용》 13장의 시작 부분을 이렇게 이해했습니다.

비근(卑近)한 것을 싫어하여 고원(高遠)한 데 힘쓰는 것은 도(道)를 행하는 일이 아니다.

주자의 제자로서 《북계자의北溪字義》라는 책으로 유명한 진순(陳淳, 1159~1223)은 이 말에 대해서, "도(道)가 태극(太極) 이전에 있다고 했던 노장(老莊)의 말과 같다"라고 이해했습니다. 그런데 정약용은 "이제 살펴보니 도(道)가 멀리에 있지 않다는 것은 다만 나 자신에게 도(道)가 있다는 것이므로 노장(老莊)의 말과 같다고 할 수 없다"라고 했습니다. 주자의 말대로 우리는 일상에서 마주하고 살아내야 하는 일을 가끔 별 볼 일 없다고 생각합니다. 그래서 일상에서 벗어나서 뭔가

근사한 일을 해내려고 생각합니다. 하지만 이 일상은 시시각각으로 변하고 있습니다. 그리고 그 변화는 실제로 엄청난 결과를 낳기도 합니다.

서양철학에서는 철학이 경이(驚異), 곧 놀라움에서 시작했다고 말합니다. 아무렇지도 않게 생각했던 일상에서 그것이 사실은 위대한 원리라는 것을 재발견하는 순간 우리는 놀라지 않을 수 없습니다. 도끼자루를 만들려고 나무를 베면서도 우리는 머릿속으로 도끼자루가 무엇인지를 열심히 생각하고 있습니다. 하지만 우리는 도끼자루를 잡고 그 나무를 베는 중입니다. 그러므로 도끼자루로 쓸 나무가 어떤 나무, 어느 정도 길이와 두께여야 하는지는 멀리서 찾을 것이 아니라, 우리가 잡고 있는 도끼자루를 보면 알 수 있습니다.

너무 가깝게 지내서 아무렇지도 않던 지아키가 실은 미래에서 왔다는 것, 실은 그 아이를 좋아하게 되었다는 것, 그렇지만 헤어질 수밖에 없다는 것, 그럼에도 불구하고 미래에서 기다려줄 것이라고 믿어서 마지막 남은 한 번의 타임리프를 한다는 것 등은 대단한 이야기가 아니라 마코토의 일상에서 벌어지는 일입니다. 물리적인 타임리프를 경험하려면 좀 더 미래를 기다려야 하겠지만, 심리적인 타임리프는 지금도 우리의 일상에서 벌어지고 있습니다. 그러므로 이 애니메이션은 그 일상을 재발견하는 데 드는 시간에 대한 이야기입니다.

7

도시를 지키는 사람들의 이야기

카라스

원작 : 鴉(2005)
감독 : 사토 게이이치

❖ 등장인물

오토하 : 카라스. 야쿠자 두목의 아들. 카라스가 되기 전에는 류스케라는 이름으로 불렸으나, 카라스가 되어 오토하라는 이름을 유리네에게서 받음. 전대 카라스를 물리치고 질서를 바로잡는 역할을 맡게 됨.

유리네 : 도시마다 존재하는 땅의 정령이며, 계약에 따라 카라스를 영입하며 세계가 돌아가는 모습을 지켜보는 존재임.

에코 : 신주쿠의 또 하나의 카라스. 오토하 이전의 선대 카라스로, 대지의 의지를 거역하고 계속 존재함. 기계화된 요괴와 함께 도시의 균형을 무너뜨림.

누에 : 처음에는 쌍둥이 동생과 함께 에코의 의견에 동의하여 기계화된 요괴(미쿠라)가 되었지만, 쌍둥이 동생이 에코에게 붙잡히자 잘못됨을 깨닫고 미쿠라에게 대항하게 됨. 미쿠라에게 배신자라고 불리는 요괴.

미쿠라 : 요괴를 기계화시켜 실체로 변하게 된 영체. 인간에게 직접 해를 가할 수 있게 된 존재. 에코는 미쿠라를 이용해 인간 세계를 청소하고 새로운 도시를 세우는 목적을 가지고 있음.

쿠레 : 시부야 소속의 경부이자 감상과 소속. 요괴들에게 괴롭힘을 알게 모르게 당하는 남자.

코레 : 영체로, 움직일 수 있고 장난끼가 많음. 우연히 만난 누에를 형이라 부르며 잘 따름.

스토리 라인

타인을 위해 자신을 희생하는 임무를 맡은 오토하

밤을 잊은 환락의 거리 신주쿠. 번영하는 문명 속에서 인류는 요괴와 같은 공간을 공유하고 있었지만, 그들의 존재를 잊고 있다. 오래전부터 이 두 세계는 유리네와 카라스에 의해 지켜지고 있었지만, 최근에 그 균형이 깨어진다. 자신을 버린 채 인류와 요괴 세계의 균형을 위해 모든 것을 모든 것을 바쳐야만 하는 운명이었던 카라스가 스스로의 자아에 눈을 떠 인간에 대한 복수를 시작했기 때문이다.

요괴의 존재를 부정하고 점점 타락해가는 인간을 보면서 선대 카라스 에코는 인간들에게 환멸을 느낀다. 수백 년 동안 카라스로서 도시를 지켰던 에코는 이제 유리네를 봉인하고 기계화된 요괴와 함께 도시의 균형을 무너뜨리려고 한다. 이로 인해 신주쿠에서는 이상한 일들이 벌어지기 시

카라스 공동체에서 파견된 호무라와 유리네

작한다. 기묘한 연쇄살인 사건이 시작되는데, 이는 모두 카라스의 이름을 버린 에코에게 새로운 육체를 부여받은 기계화된 요괴에 의한 것이었다.

그런 가운데 신주쿠 역에 두 남자가 내려선다. 한 사람은 엽기 살인사건 해결을 위해 본청으로부터 파견된 쿠레. 그리고 다른 한 명은 이런 폭주를 막기 위해 도시로 돌아온 방랑 요괴 누에. 인간 사회의 상식에 사로잡힌 나머지 사건 해결의 실마리조차 찾아낼 수 없는 쿠레와는 대조적으로, 누에는 기계화된 요괴 중 하나인 갓파를 궁지로 모는 데 성공한다.

그때 한 남자가 도시를 지키는 땅의 정령인 유리네와 계약을 맺음으로써 새로운 카라스가 나타난다. 유리네는 각 도시마다 한 명씩 있는데, 그녀가 인간과 계약을 맺으면 '카라스'라는 존재가 탄생하게 된다. 카라스로 선택 받은 오토하는 자신을 버린 채 인류와 요괴의 균형을 위해 모든 것을 바치는 운명이면서도, 스스로의 자아에 눈을 떠 인간에 대한 복수를 개시한 미쿠라를 저지해야 하는 임무를 부여받는다. 그야말로 신주쿠를 지키는 새로운 존재다.

오토하가 카라스로 변신한 모습

한편, 에코는 우리 세계에서 빠져 나온 영체를 실체로 변화시킨 미쿠라를 부려 그의 야망에 한 걸음씩 다가가는데, 에코에게 잡힌 쌍둥이 동생을 구하기 위해 누에는 미쿠라에게 대항한다. 결국 에코의 힘의 정체인 쌍둥이 동생을 죽이려면 결국 자신이 죽어야 함을 알게 된 누에는 카라스에게 자신을 죽여줄 것을 부탁한다. 막강한 전투력으로 에코를 밀어붙인 카라스는 평화를 지키고 유리네와 함께 요괴와 인간의 질서를 지킨다.

살아 있는 도시, 조화를 찾으려 하다

이 애니메이션은 BA-17(17세 이상) 등급으로 방영되었습니다. 선정성보다는 폭력성이 강하기 때문이라고 합니다. 물론 6회로 구성된 비디오판(OVA)보다는 새로 편집된 극장판 두 편이 폭력성은 좀 덜한 편입니다. 극장판으로는 〈카라스: 프로퍼시Karas: The Prophecy〉가 2005년에, 〈카라스: 레벌레이션Karas: The Revelation〉이 2007년에 개봉되었습니다. 2005년도에 개봉된 〈카라스: 프로퍼시〉는 비디오판 1~3화를 90분으로, 2007년에 개봉된 〈카라스: 레벌레이션〉은 비디오판 4~6화를 85분으로 재편집한 것이라고 합니다. 그런데 극장판은 비디오판을 편집한 것이기 때문에 전체 흐름을 이해하는 데는 별 무리가 없지만, 간혹 이해가 되지 않는 부분이 있습니다. 그에 비해서 비디오판은 세세한 정보를 담고 있어서 이해하는 데는 별 무리가 없지만, 좀 많이 잔혹할뿐더러 비윤리적인 전제가 몇 개 드러나기도 합니다.

그래서 이 애니메이션에 대한 평가도 극단적으로 엇갈립니다. 인터넷 포털사이트에 올라온 영화평 가운데 1점을 준 내용을 보면, '일본 오덕용(오타쿠들이 볼 만한) 애니. 로리타필의 애가 중요 인물이라는 거 자체가 보는 내내 손발 오그라들음', '어린애가 보기에는 너무 잔인하고 성인이 보기에는 너무 유치하군요', '살짝 성인틱한 아동용 액션물…저연령층에게 추천' 등 목표 연령층을 잘못 잡았다는 평가가 많습니다.

이에 비해서 10점을 준 내용을 보면, '병들어 가는 현대도시에 대한 자화상을 잘 그린 작품!! 이걸 애니로 승화시키다니', '원령공주 스토리에 독수리 오형제 액션을 씌운 엄청난 작품', '애니 볼 나이는 지났지만…, 카라스는 정말 최고의 애니메이션인 듯' 등 스토리와 비주얼, 두 마리 토끼를 잡았다는 평가가 많습니다.

그런데 이 애니메이션은 다쓰노코 프로덕션이 애니메이션 제작 40주년을 기념해서 100억을 들여 만들었고, 2006년 도쿄 애니메이션대회에서 뛰어난 2D, 3D 융합 기술을 선보여, 베스트 오리지널 비디오상을 수상한 경력이 있습니다. 그리고 전통과 현대사회가 충돌하고, 변모하는 인간들의 관계에 대해 설득력 있는 스토리를 보여준다는 평가도 받았습니다.

그렇다고 해도 관객들의 부정적인 평가도 상당히 설득력 있는 만큼 굳이 이 애니메이션으로 공간과 자연의 이야기를 이어나가야 하는지 고민이 컸습니다. 하지만 제작팀이 도쿄 전체가 아닌 가상의 공간인 신주쿠를 배경으로 해서 도시가 단순히 생명 없는 공간이 아니라 하나의 생명체로서, 자신의 내부에서 벌어지는 활동을 규제하고 자신의 의지를 관철하는 대리인인 신인(神人) 카라스를 필요로 한다고 전제한 것만큼은 포기하기 어려웠습니다.

현실의 신주쿠는 도쿄 교통의 중심으로서, 매일 약 364만 명의 승객이 통과하여 세계에서 가장 분주한 지역으로 알려져 있습니다. 에도(江戶) 시대인 1634년에 에도 성의 바깥쪽 해자로 세워졌고, 1923년 관동대지진 이후 지진에 비교적 안전한 지역으로 생각되어져 현재의 모습으로 개발되기 시작했습니다. 그런데 1945년 5월부터 8월까지의 도쿄 대공습으로 신주쿠 역 주변 지역 건물의 거의 90퍼센트가 파괴되었습니다. 하지만 오늘날에는 도쿄의 특별구 가운데서 외국인 주거 비율이 가장 높습니다. 이런 내력을 안다면 제작진이 왜 가상의 신주쿠를 이 애니메이션의 배경으로 삼았는지 이해할 수 있을 것입니다.

이 작품의 아트 디자이너인 사토 하지메(佐藤肇)는 동아시아 문화가 뒤섞인 모습을 보여주려고 곡선을 살린 한자(漢字)와 함께 한글 간판이 붙어 있는 거리 장면을 썼다고 합니다. 그리고 곳곳에 서구의 가고일(gargoyle)과 싱가폴의 머라이언(Merlion)을 적절히 배치하면서도 쇼와(昭和) 시대의 분위기를 살리려고 애썼습니다. 왜냐하면 그렇게 해야 인간과 요괴가 공존하고, 전통과 현대가 공존하며, 동양과 서양이 공존하는 이른바 현대 세계를 보여줄 수 있기 때문입니다. 그리고 이런 설정을 통해 오늘날 우리들이 요괴의 존재에 무관심하게 되었고, 생존에 급급해서 살아가느라 바빠서 그들을 보려 하지 않았다는 점을 부각시킬 수 있기 때문입니다.

좀 과하게 평가하는 것일 수도 있지만, 미쿠라는 캐릭터에서도 이런 의도가 드러납니다. 미쿠라는 요괴였지만, 호슈인 에코의 수하가 되어 자신의 신체를 기계와 바꿉니다. 그들이 에코의 수하가 된 이유는 인간이 도시를 부패시킨다고 생각하는 에코의 주장에 동의했기 때문입니다. 그리고 자신의 몸을 기계로 바꾸지만, 인간의 피를 마심으로써 자신의 능력을 신장시키고, 자신의 존재를 증식시킬 수 있습니다. 리오타르(Jean-François Lyotard, 1924~1997)의 말을 빌리지 않더라도, 이 설정에는 인간 대 비인간의 대립 구도가 들어 있습니다. 그래서 〈원령공주〉나 〈바람계곡〉의 나우시카 등과 같은 애니메이션보다는 〈카라스〉가 좀 더 충격적입니다. 왜냐하면 리오타르가 비판하는 비인간은 발전을 이루려는 세력인 선진자본주의에 의해 인간이 탈인간화되는 것을 가리키는데, 극단적인 경우 이 선진자본주의는 컴퓨터 기술로 우리를 대체하려고 합니다. '기술-과학'에 의해 행사되는 힘이 주어지는 상황에서 리오타르는 우리의 미래에 대해 불안해하고, 우리에게 '비인간주의'라는 시류에 저항하라고 주장했습니다.

그런데 이 논리에 따르면, 에코와 미쿠라는 인간을 극복하려고 비인간화를 선택해버리는 어리석음을 택한 것입니다. 실제로 에코가 못마땅해 하는 인간은 자기중심적인 인간입니다. 그러므로 이 애니메이션에서는 자기중심적 인간-비인간-관계 맺는 인간(새로운 인간)이라는 세 가지 구도가 대비되는 것으로 볼 수 있습니다.

에코(廻向)도 마찬가지입니다. 우리말 회향(廻向)은 본래 '자기가 쌓은 공덕을 남에게도 돌려, 함께 깨달음을 얻고자 합니다'는 불교 용어입니다. 이 의미가 변하여 '돌이켜 다른 곳으로 향함'을 뜻하게 되었지만, 본래는 '받았으니 돌려준다'는 자연의 이치를 뜻합니다.

작품 속에서 에코는 에도 시대 이후로 도쿄를 지키는 카라스였는데, 그는 도시의 뜻을 넘어 인간을 말살하려고 합니다. 그가 부패하는 인간상을 지켜보면서 얼마나 분노했을지는 작품 곳곳의 대사에서도 잘 드러납니다. 하지만 그는 일종의 확신범인 셈입니다. 도시의 뜻을 거역하면서, 실제로 인간보다 더 타락하게 되었기 때문입니다. 한 가지 재미있는 것은 그의 이름을 일본어로 발음했을 때 반향(反響)이라는 뜻의 에코(echo)와도 겹치지만, 생태(生態)를 뜻하는 에코(eco)와도 겹친다는 것입니다.

이렇게 이 애니메이션은 공간으로서의 자연과 그 속에 사는 인간에 대한 이야기를 다루고 있는 것으로 볼 수 있습니다. 그리고 여러 가지 현대 철학적 고민들이 뒤섞여 있기도 합니다. 그래서 좀 부담스러울 수도 있겠지만, 이 애니메이션을 통해 공간과 자연, 그리고 경계와 질서라는 주제를 살펴보려고 합니다.

공간이란 무엇인가?

　우리는 모두 어떤 지역에 살고 있습니다. 거창하게 말해서 그렇지 실은 땅을 디디고 산다는 말입니다. 우리는 땅과 밀접한 관계를 맺고 있습니다. 그래서 태어난 곳이 어디냐에 따라 사람 됨됨이를 판단하기도 할 정도입니다. 지연(地緣)이란 말이 그렇게 낯설지 않은 것도 그래서 그렇습니다.

　민성이와 익성이는 서울에서 태어나서 제주로 왔습니다. 도형이는 울산에서 태어나서 제주로 왔습니다. 이 셋은 다른 곳에서 태어났지만, 제주에서는 그냥 '섬에 들어온(입도한) 육지사람'입니다. 제주만 이런 것은 아닙니다. 서울에서는 제주든 울산이든 모두 촌(村)이나 시골 사람이라고 말합니다. 그리고 지금은 많이 옅어졌지만, 태백산맥을 기준으로 동서(東西)가 대립하는 것도 바로 인성(人性)이 땅과 밀접한 관계를 맺고 있다고 생각하기 때문입니다.

　그런데 사실 이런 생각은 상당히 매력적이면서도 위험합니다. 똑같은 행정구역에 속하면서도 주거지에 따라 사람들이 다르다고 생각하면, 때때로 서로를 배척하고도 당연하게 생각할 수 있기 때문입니다. 물론 사람들은 자신이 살고 있는 자연환경에 영향을 받기 마련입니다. 하지만 '절대적'으로 영향 받는 것은 아닙니다. 만일 그렇다면 인간은 자기 결정성이라는 중요한 미덕 하나를 놓쳐버리기 때문입니다. 그래서 요즘은 그것이 자연환경이 되었든 문화환경이 되었든, 인간에게 영향을 끼치지만 인성을 결정한다고 하지는 않습니다.

"창을 열면/ 길은 땅으로 가지 않는다/ 공기를 뚫고 공중으로 가고 없다/ 길을 보내버린 땅은 공중에서 일어나는/ 사건을 구경만 한다/ 땅을 배반한 길이/ 하늘의 기류를 갈라 놓고/ 없는 레일을 만들며 공기차를 끌고/ 낯선 터널을 뚫고 간다." 한영옥 시인의 〈공중으로 가는 길〉이라는 시의 한 구절입니다. 시인은 땅 위의 안정된 삶이 구겨졌다고 생각합니다. 그래서 그는 길이 공중으로 나 있다고 말합니다. 불안한 길이 펼쳐진 허공은 더 이상 투명하고 순수한 공간이 아닙니다. 시인은 허공에 불안하게 떠 있는 길로 위험하게 터널을 뚫고 가는 삶을 두렵게 바라봅니다.

영어권에서는 우주(宇宙)를 시간과 공간(Time and Space)이라고 부르지만, 한자문화권에서는 공간에 해당하는 우(宇)가 먼저 나옵니다. 그리고 시간인 주(宙)가 따라옵니다. 우(宇)는 동서남북(東西南北) 네 방향과 위아래를 뜻합니다. 집을 뜻하는 면(宀) 자는 공간이나 개념의 범위를 제한하는 것을 뜻합니다. 거기에 대막대기의 양쪽 끝을 고정시켜 중간을 굽히는 모양인 우(亐)를 넣어서 상하 동서남북을 가리키게 된 것입니다. 그리고 주(宙)는 고금(古今)과 왕래(往來), 곧 과거-현재-미래를 뜻합니다. 우(宇)처럼 범위를 제한하는 집 면(宀) 자에, 본래 바닥이 깊은 술 단지의 모양에서 유래된 '~으로 말미암다'라는 유(由)를 써서 오고가는 것, 곧 시간을 가리키게 되었습니다. 이런 설명은 《회남자淮南子》〈제속훈齊俗訓〉에서 유래된 것입니다. 그런데 그 전에도 천문지리(天文地理)라고 해서, 시간과 공간을 가리키는 말이 있었습니다.

천문(天文)이란 하늘의 문식(文飾), 곧 무늬입니다. 그런데 여기에는 두 가지 뜻이 있습니다. 하나는 인문(人文)과 대비됩니다.

> 꾸며야 하는 상황에서 적극적으로 나서야 하는 이유는 부드러운 것이 와서 굳센 것을 꾸며주기 때문이다. 그래서 적극적으로 나서야 한다. 굳센 것을 나누어서 위로 올라와 부드러운 것을 꾸며주기 때문에 가는 일이 있으면 조금 이롭다. 이것은 천문(天文)이다. 문명한 상태에서 그치니, 이것은 인문(人文)이다. 천문을 관찰하여 시간의 변화를 살피며, 인문을 관찰하여 천하를 변화시켜 이룬다.
> (《주역》〈비괘〉)

64괘 가운데 하나인 비괘(賁卦)는 불(☲)이 산(☶) 아래에 있는 모습입니다. 산 아래에 불이 있으면 초목이 환하게 비칩니다. 그래서 시간의 변화 또는 시대의 변동을 천체의 움직임을 통해 비춰본다고 말했습니다.

다른 하나는 지리(地理)와 대비됩니다.

> 역(易)은 하늘과 땅과 더불어 수준을 같이 한다. 그러므로 천지의 도(道)를 감싼다. 위를 우러러 천문(天文)에서 관찰하고, 아래로 굽혀 지리(地理)에서 살핀다. 그래서 은밀하여 드러나지 않는 세계와 밝게 드러나는 세계의 근원을 안다.
> (《주역》〈계사전〉 상 4)

천문학, 지리학이라는 말은 위에 인용한 《주역》에서 비롯되었습니다. 그런데 여기서 말하는 천문(天文)은 시간의 흐름을 관찰할 수 있는 천체의 움직임을 가리키면서, 공간으로서의 천체를 가리키기도 합니다. 그래서 서양과 마찬가지로 동양에서도 별과 별자리에 대해서 관심을 가졌습니다. 동양 천문학에서는 별과 관련해서는 7개의 움직이는 별(星)이, 별자리와 관련해서는 28개의 별자리인 28수(宿)가 주로 이야기되었습니다.

움직이는 별인 행성(行星)을 특별히 '요(曜)'라고 하는데, 오늘날 일주일을 구성하는 각각의 요일(曜日)은 이 별과 관련되어 있습니다. 곧 칠요(七曜)인 해와 달, 목성, 화성, 토성, 금성, 수성이 각각의 날에 배치된 것입니다. 이 칠요는 천문 변화를 주도하기 때문에 칠정(七政)이라고 부르기도 했습니다. 이에 비해서 별이 모여 하나의 의미 체계를 이룬 것을 별자리인 '수(宿)'라고 합니다. 특히 적도 주변에서 관찰되었던 28개의 별자리를 이십팔수(二十八宿)라고 불렀는데, 이십팔사(二十八舍)라고도 했습니다. 사(舍)와 수(宿)는 모두 별들이 운행하다가 머문다는 뜻입니다. 적도 주변의 28개 별자리에 주목했던 것은 해와 달 등과 같은 칠요가 이 자리를 지나가기 때문이라고 합니다.

동양에서 천문에 관심을 두었던 이유는 그것이 인문에 영향을 끼친다고 생각했기 때문입니다. 예컨대, 당나라 수도인 장안성(長安城)과 명청대의 수도인 북경의 자금성(紫金城)은 동양 천문학에서 핵심을 차지하는 자미원(紫微垣)과 관련되어 있습니다. 자미원이란 큰곰자리를 중심으로 163개의 별로 이루어진 37개의 별자리를 말합니다. 이 별자리는 나머지 삼원(三垣)인 태미원(太微垣)・천시원(天市垣)과 함께 천자(天子)의 자리를 뜻합니다. 조선의 도읍인 한양도 좌청룡·우백호·남주작·북현무의 사신도적 우주를 구현한 것이라고 할 수 있습니다. 도성의 구조도 인의예지신(仁義禮智信)이라는 유가적 우주론을 담고 있습니다. 예컨대, 흥인지문(興仁之門)·숭례문(崇禮門)·돈의문(敦義門)·홍지문(弘智門) 사대문(四大門) 가운데 보신각(普信閣)을 위치시킨 것은 유가적 우주론에 따른 것입니다. 지금도 보신각에서 재야의 종소리를 울리는 것은 도성의 중심이자 우주의 중심에서 온누리로 송구영신(送舊迎新)하는 기원을 담아내려는 것입니다.

이렇게 볼 때 도시가 살아 있고, 스스로 정화하려는 의지를 가지고 있다는 이 애니메이션의 설정은 동양적 천문관에 바탕을 둔 것입니다. 물론 도시는 땅 위에 건설되는 것입니다. 하지만 동양적 천문관에서는 천문과 지리, 인문이 독립되지 않을 뿐 아니라, 서로에게 영향을 끼치고 표준을 제시하기도 합니다. 이것을 신화적으로 묘사하면, 하늘이 기상이변이나 재앙을 통해서 인간을 경계한다는 천인상응설(天人相應說)이 될 수도 있습니다. 하지만 인문학적으로 해석하면, 그렇기 때문에 도시의 건설을 비롯한 공간 배치가 자연의 운행과 그 질서에 따라야 한다는 친환경적인 공간론이 나올 수 있습니다.

자연이란 무엇인가?

요즘 가장 많이 듣는 이야기 가운데 하나가 친환경입니다. 친환경

먹을거리, 친환경 청정에너지, 친환경소비, 에코라이프(Eco-life)에 이르기까지 그야말로 환경과 자연의 전성시대를 살고 있는 것처럼 생각됩니다. 그런데 친환경, 자연주의에 초점을 맞추는 것이 뭐 그리 문제가 되겠느냐는 생각도 들지만, 왠지 위화감이 들기도 합니다. 말 그대로 보면 친환경이나 자연주의는 잘해보았자 '자연으로 돌아가자'는 구호와 다른 게 뭐 있느냐는 생각이 들어서 그렇습니다. 병든 지구를 살리자며 6월 5일을 '세계 환경의 날'로 지정해두었지만, 사실은 지구를 병들게 한 인간이 병주고 약주는 식에 불과하다는 생각도 듭니다.

친환경의 사전적 의미는 '자연환경이 오염되게 하지 않고 자연 그대로의 환경과 잘 어울리는 일'입니다. 그런데 인간, 적어도 오늘날의 인간을 본다면 자연환경을 오염시키지 않고 생존하기란 사실상 불가능합니다. 수세식 화장실만 보아도 그렇습니다. 용변을 처리하는 데 왜 물이 필요한가요? 그렇다고 아파트 안에 재래식 화장실을 둘 수도 없는 노릇입니다. 최근에 유럽에서는 용변을 태우거나 효소로 분해하는 친환경 변기가 유행한다고 합니다. 하지만 태우거나 건조하는 데 전기가 필요하니 그만큼 환경이 오염되게 하는 셈입니다.

"성북동 산에 번지가 새로 생기면서/ 본래 살던 성북동 비둘기만이 번지가 없어졌다/ 새벽부터 돌깨는 산울림에 떨다가/ 가슴에 금이 갔다." 김광섭 시인의 〈성북동 비둘기〉라는 시의 한 구절입니다. 우리는 평평한 들에서 띄엄띄엄 집을 짓고 살던 과거에서 빠져나와서 도시로 몰려갔습니다. 그리고 그렇게 모여든 우리들은 도시 주변의 산을 점령했습니다. 우리에게 삶의 터전을 뺏긴 생태계의 생명들은 점유권은 고사하고 생존권조차도 주장할 수 없습니다. 그리고 그것은 결과적으로 우리 인간들에게 갖가지 재앙으로 되돌아왔습니다. 이것이 시인의 문제의식이자, 우리들이 매년 6월 5일마다 문득 문득 떠올리는 문제의식입니다.

물론 그러면서도 우리는 자연을 낭비하면서 잘도 삽니다. 개발이냐 보전이냐를 고민하면, 늘 그렇듯이 보전이 이상적이지만 우리도 살아야 할 것 아니냐라는 결론에 이를 수밖에 없습니다. 왜냐하면 우리가 바로 낭비하는 주체이기 때문입니다. 그러다 보니 '이대로 살다가 멸종이라도 당해버리지 뭐' 하는 쪽과 '그래도 꼭 필요한 만큼만 쓰고, 아껴 써야 웰빙 하는 거지' 하는 쪽은 둘 다 말은 달라도 결국 인간중심적이라는 전제에서 벗어나지 못합니다. 하기는 스스로를 어떻게 할 수 없으니, 다 좋습니다. 그리고 서구의 합리주의와 인간중심주의에 상대되는 용어로 동양의 자연주의를 사용하는 것도 어쩔 수 없습니다. 그런데 왠지 자연(自然)이라는 말이 계속 걸립니다. 이 말이 오늘날 우리가 말하는 그 환경으로서의 자연이 맞기는 한 걸까요?

미안한 말이지만 동양철학에서 자연은 환경이 아닙니다. 그러므로 환경주의자들이 재발견한 노자와 장자는 어디에도 없습니다. 그들이 말한 도(道)가 몸을 바꾸거나 숨기고, 하늘을 날고, 물 위를 걷는 게 아닌 것처럼 말입니다. 오히려 이런 것들은 노자와 장자가 말하는 자연에 위배되는 것입니다. 인간은 하늘을 날 수 있는 날개를 가지고 있지 않습니다. 지구 중력은 자연법칙입니다. 그 법칙을 뛰어넘는 것이 무슨 도란 말인가요? 모든 태어나는 것은 성장하고 늙으며 죽어 갑니다. 이게 자연 질서입니다. 그 질서를 뛰어넘는 것이 또한 무슨 도란 말인가요? 인류 또는 개별적 인간으로서 나의 불로장생(不老長生)을 추구하는 것이 도일까요? 그것이야말로 모든 생명은 죽는다는 자연법칙을 어기는 것입니다. 쌀 다섯 되를 내면 병을 낫게 해준다면서 오두미도(五斗米道)를 만든 장도릉(張道陵)이라면 몰라도, 노자와 장자는 이렇게 이야기하지 않았습니다.

> 백성들이 일을 할 때는 언제나 이루어지려고 할 때 무너지게 되는데, 시작할 때처럼 마지막까지 삼가면 일이 무너지지 않는다. 그래서 성인(聖人)은 바라지 않기를 바라며, 얻기 어려운 재화를 귀하게 여기지 않는다. 그리고 배우지 않기를 배워서 여러 사람들이 잘못한 바를 돌려놓는다. 만물이 스스로 그러하도록 도와주지만, 감히 행하지는 않는다.   《도덕경》(64)

이 오묘한 말을 어떻게 이해해야 할까요? 노자의 말이 어려운 것은 우리의 상식을 뒤집어버리는 화법을 사용하기 때문입니다. 하지만 그 화법에 현혹된 우리의 눈을 맥락으로 가져가면 쉽게 이해할 수도 있습니다. 인용문에서는 '스스로 그러하도록'이라고 번역했지만, 원문에서는 자연(自然)이라고 표현했습니다. 인용문 앞에 생략된

부분도 있지만, 이 64장에서는 성인(聖人)을 내세워 무위(無爲)가 필요하다는 것을 강조하고 있습니다.

일을 하다 보면 항상 이루어지기 직전에 어그러지는 경우가 많습니다. 이루어지는 일보다는 이루어지지 않은 쪽의 아쉬움이 크기 때문에, 실제로는 그렇지 않은 데도 그렇게 기억하는 것일 수도 있습니다. 하지만 어쨌거나 일이 잘 이루어지지 않으면, '긴장이 풀려서'라거나 '너무 조바심을 내서'라고 말합니다. 이 두 가지 원인은 완전히 반대되지만, 사실 그 일을 이루기 위해서 필요한 것들을 끝까지 못했다는 점에서는 같습니다. 그런데 그다음의 문장이 더 문제입니다. '바라지 않기를 바란다'거나 '귀한 것을 귀하게 여기지 않는다'고 말하기 때문입니다. 그리고 배우지 않기를 배워서 사람들의 잘못을 되돌려 놓는다고도 말합니다.

이 역설은 이렇게 이해할 수 있습니다. 우리는 그 일이 이뤄지기를 간절히 바랍니다. 왜 그런가 하면 그 일이 일반적으로 일어나지 않는 일이기 때문입니다. 그리고 흔하게 일어나지 않는 일을 이루려고 할 때는 이러저러한 방법이 필요하다고 배웁니다. 그런데 우리가 바라는 그 일이 사실은 일어나지 않아도 좋을 만한 일일 수도 있고, 그래서 그렇게 가치를 둘 만한 일이 아닐 수도 있습니다. 더구나 그 일을 이루려고 일상의 법칙에서 벗어나는 방법을 배우고, 실행할 수도 있습니다. 반대로 흔히 일어나는 일이지만, 그렇다고 해서 무심결에 해버려서는 안 되는 일도 있습니다. 그렇다면 이 두 가지 전혀 다른 상황이 잘못되었다고 판단하고, 그래서 바로 잡는 원칙, 기준은 무엇일까요?

노자는 이 원칙과 기준이 자연이라고 말합니다. 그래서 그가 말하는 자연은 모든 일과 모든 것들의 본래적인 모습, 또는 그런 본래적인 모습을 유지하도록 하는 법칙이 됩니다. 그리고 이렇게 보면 자연은 모든 것들의 본성(本性)입니다.

"아빠, 왜 금붕어는 오래 살지 않아요?" 시장에서 사온 금붕어 다섯 마리 가운데서 한 마리가 죽자 막내 도형이가 묻습니다. "시장에 있을 때는 큰 어항에 있었는데, 지금은 작은 어항에 있으니까 적응이 안 되어서 그럴 수 있지." 그냥 갈 리가 없죠. 또 묻습니다. "큰 어항에 있다가 작은 어항에 있으면 적응이 안 되는 거예요? 죽을 만큼? 그림 큰 강에 풀어주면 다시 살아나는 거예요? 그렇담, 나머지 네 마리도 큰 강에 풀어주세요." 아닙니다. 어항에 넣어두고 관상용으로 개량된 금붕어는 큰 강에 풀어주면 죽습니다. 그게 또한 관상용 금붕어의 본성입니다.

노자와 장자는 에코와 미쿠라가 꿈꾸었던 자연 회귀를 말하지 않습니다. 그리고 인간의 멸종을 주장하지도 않았습니다. 그들은 인간이 자연에 순응해서 사는 원시적 삶을 살아야 한다고 말하지 않았습니다. 모든 것과 모든 일에 그 법칙이 있는 것처럼 인간에게도 인간의 법칙이 있습니다. 그런데 이 둘이 때때로 충돌하기도 합니다. 그런 상황이 벌어질 때 우리는 어떤 선택이 우리의 본성, 곧 자연에 충실한지를 생각해야 합니다. 그게 우리가 가지고 있는 본성 가운데 하나인 자유 선택의 의지이기 때문입니다.

경계와 질서

공간과 자연의 문제는 언제나 경계 나누기와 그것에 따른 질서라는 주제로 돌아오게 됩니다. 우리는 우리를 둘러싸고 있는 것들을 이것과 이것 아닌 것, 여기와 여기 아닌 것으로 나눠서 이해합니다. 나누지 않으면 이해할 수 없습니다. 이것과 저것을 나누고, 나와 나 아닌 것을 나눌 때 비로소 이해할 수 있다는 말입니다. 그리고 그렇게 나눌 때 관계와 관계에 따른 질서, 그리고 규칙이 생깁니다. 이 질서와 규칙이 바로 동양철학에서 말하는 도(道)입니다. 그러므로 도(道)는 현실을 초월한다기보다는 현실의 이상적인 모델이 됩니다.

형이상학적 주제에 급급해서 현실 문제를 외면했던 조선 후기의 유학자들 때문에 일제 강점기를 겪게 되었다고 생각하는 사람들이 많습니다. 그런 사람들은 이해하기 어렵겠지만, 유학자를 비롯한 한자문화권의 학자들은 실용 학문에 관심을 두었습니다. 예를 들면 성리학의 체계를 구상한 주자조차도 자신의 학문을 실학(實學)이라고 규정했을 정도입니다. 그는 불교가 현실을 부정하고 개인적인 수양에만 초점을 맞춘다고 해서 허학(虛學)으로 규정했습니다. 이에 비해 유교는 현실을 긍정하고 현실 사회와의 관계 속에서 개인의 구체적인 역할에 초점을 맞추기 때문에 실학이라고 보았습니다.

그런데 동아시아의 철학에서는 오늘날 우리가 자연과학 분야라고 부르는 것을 별로 중요하게 다루지 않았습니다. 사회의 구성원으로 인간의 본질적인 특성이 무엇인지, 그리고 그것을 근거로 해서 어떻게 관계 맺으면서 인생을 살아나가야 하는지에 초점을 맞추었습니다. 이것이야말로 사람 사는 데 있어서 꼭 필요한 문제, 곧 실질적인 공부라고 생각했기 때문입니다. 그래서 우주가 어떻게 만들어졌는지를 그다지 궁금해 하지 않았습니다. 물론 천체의 움직임이라든가, 모든 것들이 생성된 원천으로서 천(天; 하늘)에 대해서 말하기는 했습니다. 하지만 그런 것들을 말할 때면 언제나 인도(人道), 곧 인간이 살아가야 하는 법칙과 관련되는 부분으로 제한되었습니다.

공간을 분할하는 경계 나누기의 문제도 마찬가지입니다. 어디건 금을 긋고 집을 지은 다음, 담을 둘러쌓으면 그만입니다. 그런데 동양에서는 풍수지리(風水地理)라고 해서 공간을 어떻게 활용할 것인가 하는 문제를 해결하려고 했습니다. 예컨대, 배산임수(背山臨水; 산을 등지고 물이 근처에 있음)라는 것은 북반구에 있는 우리나라의 기후적 특성을 반영한 것입니다. 우리나라는 겨울철에 북서쪽에서 차가운 계절풍이 붑니다. 이 차가운 계절풍을 막아내려면 산만큼 좋은 것이 없습니다. 그리고 취락이 형성되는 데는 물이 필수적인 요건입니다. 하지만 물 빠짐에도 신경을 써야 하므로 평지보다는 경사지를 선호했습니다. 더구나 낮에는 일조량과 수열량이 크고, 밤에는 복사열 덕분에 보온 효과가 높습니다.

홍만선(洪萬選, 1643~1715)은 《산림경제山林經濟》에서 "택지가 남북으로 긴 것이 동서로 긴 것보다 좋다"고 했습니다. 우리나라의 기후 조건을 고려했기 때문입니다. 《산림경제》에 나오는 주택과 관련된 몇 가지 조언을 살펴보면 이런 점이 좀 더 잘 나타납니다. 집을 배치할 때 동쪽이 차고 서쪽이 비게 하면 좋지 않다거나, 방이 서향하면 좋지 못하고 남향의 창이 없어서는 안 된다거나, 마루와 방의 양쪽으로 부엌을 두어서 양쪽에서 불이 활활 타게 하면 주인이 재앙을 입게 된다는 등의 이야기는 요즘 사람들이 보기에는 미신인 것 같습니다. 하지만 이것들도 다 그곳에 살아야 하는 인간을 중심에 두고 구조를 배치한 것입니다.

일사량은 창을 이루는 방향과 계절별 태양 고도와 긴밀하게 연결되어 있습니다. 겨울철에는 태양의 고도가 낮아서 남쪽 창으로 태양 빛이 실내에 깊숙하게 들어옵니다. 결과적으로 난방 효과가 있습니다. 그런데 여름철에는 오히려 불필요한 직사광선이 실내로 깊숙이 들어오는 것을 적절히 차단하는 효과가 있습니다. 부엌의 위치도 마찬가지입니다. 서쪽은 오후에 햇빛이 길고 빛이 강하기 때문에 음식이 쉽게 부패할 수 있습니다. 북쪽은 겨울에는 차가운 바람의 유입을 피해 창과 문을 닫고 생활하기 때문에 공기 순환이 원활하지 못합니다. 남쪽은 봄에서 여름까지 남풍이 불 때 부엌에서 생기는 연기나 냄새가 실내로 들어오기 때문에 좋지 않습니다. 그래서 부엌은 주로 동쪽에 배치했습니다.

새로 생태학이 주목받으면서 풍수지리(風水地理)도 친환경 생태적이라는 면에서 재해석되고 있습니다. 생태학에서는 바람과 물을 에너지 서브시디(energy subsidy)라고 합니다. 에너지를 보존하는 요소로서, 에너지 소비를 감소시켜주는 역할을 하기 때문입니다. 기온이 같아도 다른 요소와 어떻게 기능하고 효과를 내는지에 따라 열환경은 매우 달라집니다. 풍수지리는 이 점을 경험적으로 정리해낸 것이라고 할 수 있습니다. 물론 서양에서도 이런 점을 고려하여 주변 공간을 적절히 변형시키면서 살아왔습니다. 그런데 풍수지리는 인간의 입장에서 지형지물을 바꾸는 것보다 지형지물을 최대한 이용하는 방향에 초점을 맞춥니다. 그러므로 풍수지리사상에 따른 공간 배치는 실제 삶을 살아가는 인간이 자연과 긍정적인 관계를 맺는 방식이라고 할 수 있습니다.

이 실존적 법칙이 작게는 개인의 주택에서 시작해서 취락이나 도읍, 그리고 국가에까지 적용되었던 것입니다. 그런데 풍수지리에 근거한 공간 이용 계획이 국가적인 범위로 확장되면 비보사상(裨補思想)이 나옵니다. 비보사상도 겉으로만 보면 불교적 색채를 띤 미신처럼 보입니다. 하지만 비보사상의 핵심은 기존의 공간 활용에 문제가 생겼을 때 인위적인 구조물을 활용한다는 데 있습니다. 땅의 기운이라고 할 수 있는 지기(地氣)가 부족해질 때 사찰을 짓는다든가 탑을 건조한다는 것 등은 분명히 종교적입니다. 하지만 나중에 이런 건축 조형물을 보는 사람은 그것이 만들어졌을 때의 문제점을 파악하고 그런 점을 고려할 수 있다는 효과가 있습니다. 그뿐만 아니라 비보조산(裨補造山)처럼 흙이나 돌, 숲을 산 모양으로 조성하는 경우에는 앞서 이야기 했던 에너지의 흐름을 어느 정도 바꾸어 놓는 효과도 기대할 수 있습니다.

이 위험한 애니메이션 이야기를 시작한 이유는 바로 여기에 있습니다. 오늘날 우리들은 공간을 독점하고 있습니다. 독점은 조화의 파괴를 뜻합니다. 물과 바람을 비롯한 에너지마저도 독점할 때 이 세계의 균형이 무너지고 조화가 파괴됩니다. 질서가 무너지면 인간을 위한 공간인 도시를 지켜야 하는 카라스가 도시의 정령인 유리네의 뜻을 거역하는 일이 생깁니다. 신화는 본래 우리가 이해할 수 없는 것들을 이야기하는 과정에서 만들어졌습니다. 그래서 때때로 오늘날 우리가 추구하는 이성(理性)의 한계를 솔직하게 인정하는 겸손함도 포함하고 있습니다.

우리가 인간이므로 모든 일에서 인간을 중심으로 놓는 일은 어쩔 수 없습니다. 하지만 우리는 아직 이 세계를 정확하게 다 이해하지 못할뿐더러 우리의 행위가 어떤 결과를 낳을지도 알 수 없습니다. 우리가 파악한 세계의 질서라는 것도 어떤 면에서는 자의적인 해석의 결과입니다. 물론 그런 문제점들을 막으려고 가끔은 격렬하게 스스로에게 문제제기를 하는 것도 인간의 본성 가운데 하나입니다. 인류가 아직 멸망하지 않고 있는 것은 바로 그런 본성 때문일 수도 있습니다. 오토하를 비롯한 카라스가 사실은 사람인 것처럼 말입니다.

8
과학의 의미를 묻는 사람들의 이야기
강철의 연금술사

원작 : 鋼の錬金術師(2003)
감독 : 미즈시마 세이즈

❖ 등장인물

에드워드 에릭 : 알폰스의 형. 애칭은 에드. 어렸을 때 어머니를 인체연성 하다 동생을 잃게 되자 동생을 되살리려고 왼쪽 다리와 오른팔을 잃었음. 지금은 강철로 만든 보조기구인 오토메일을 사용하고 있음. 동생의 몸을 되찾기 위해 현자의 돌을 찾아 여행하다가 국가연금술사 시험에 합격하여 '강철의 연금술사'라는 이름이 붙은 최연소 천재 연금술사.

알폰스 에릭 : 에드워드의 동생. 어머니를 인체연성하다 몸을 잃었음. 에드가 다리와 팔을 희생해서 갑옷에 영혼을 장착함. 전투 능력이 좋고 연금술도 할 줄 앎. 형의 팔, 다리를 찾기 위해 형과 함께 현자의 돌을 찾는 여행을 떠남.

로이 머스탱 대령 : '불꽃의 연금술사'라는 칭호가 붙은 연금술사로, 에드워드를 국가연금술사로 만들려고 함. 대총통이 되려고 함.

윈리 룩벨 : 에릭 형제의 소꿉친구. 에드워드의 오토메일 정비를 맡고 있고 기계를 좋아함.

이즈미 커티스 : 에릭 형제의 스승. 매우 무서운 스승으로, 자신도 아들을 인체연성하다 실패해 장기의 일부분을 빼앗겼음.

호엔하임 에릭 : 에릭 형제의 아버지. 5천 명의 마을 사람들을 현자의 돌의 재료로 사용하여 500년을 산 연금술사.

호문쿨러스 : 연금술사들의 인체연성 실패로 태어나는 영혼 없는 인조인간을 가리킴.

엔비 : 호엔하임과 단테 사이에 태어난 아들. 죽었다가 인체연성에 의해 다시 태어난 인조인간. 호문쿨러스 중에서 가장 강한 능력을 가지고 있음. 에드워드가 아버지의 사랑을 받자 에드워드를 죽이게 됨.

스토리 라인

죽은 어머니의 인체연성에 실패하여 동생 알폰스는 몸을 잃었고, 형인 에드는 오른팔과 왼쪽 다리를 잃었다.

　에드워드(에드)와 알폰스는 형제 사이다. 아버지 호엔하임이 연금술사였기에 이들 형제도 연금술에 뛰어나다. 연금술이란 원래의 원소를 다른 원소로 변형하여 새로운 물체를 만드는 기술을 말한다.

　아버지는 에릭 형제가 태어난 지 얼마 지나지 않아 긴 여행을 떠난 상태고, 어머니는 아버지를 기다리다 지쳐 그만 병이 들어 죽고 만다. 그러던 어느 날, 에릭 형제는 인간도 연성할 수 있다는 것을 알게 되고, 연금술로 죽은 어머니를 연성하려 한다. 하지만 인체연성이란, 원소만으로는 부족하여 인체연성을 할 때 자신의 신체 부위 중 한 부분을 잃게 되는 게 대부분이다.

　연금술에 초보인 에릭 형제 역시 어머니의 인체연성에 실패하여, 알폰스는 육체를 문 너머의 세계에 빼앗기게 되고, 에드는 동생을 구하기 위해 문 너머로 들어갔다가 왼쪽 다리를 잃게 된다. 동생 알폰스를 무척이나 사랑했던 에드는 근처에 있던 갑옷에 알폰스의 영혼을 봉인하게 되고, 그에 대한 대가로 자신의 오른팔을 진리의 문 너머의 세계에 넘기게 된다.

이 일로 형제는 인체연성이 얼마나 헛된 것인 줄 알게 되고, 잃어버린 몸과 팔, 다리를 찾기 위해 '동등한 대가 없이도 연성을 할 수 있고, 죽은 자도 살려낸다'는 현자의 돌을 찾아 나서게 된다. 현자의 돌에 대한 단서를 찾던 중 국가연금술사 시험 과정을 거치게 되는데, 알폰스는 몸이 없어 실패하고, 에드는 '불꽃의 연금술사'라는 호칭을 가진 머스탱 중령의 도움으로 멋진 연금술사가 되어 '강철의 연금술사'가 된다.

이렇게 해서 에드는 오토메일(강철로 된 의수족)을 달고서 잃어버린 육체를 복원할 수 있는 방법을 찾기 위해 알폰스와 함께 여행을 떠난다. 여행을 하면서 에릭 형제는 인체연성에 의해 만들어진 호문쿨러스라는 인조인간에 대해 듣게 된다. 이 인조인간은 단테 아래에서 현자의 돌을 연성할 수 있는 능력이 있는 자를 찾아 연성하게 한 뒤 빼앗아 가는 역할을 한다.

그러던 어느 날 연금술사를 죽이는 스카라는 자를 만나게 되는데, 그는 이슈바라인으로서 연금술을 신에 대한 거역으로 믿고 있다. 어느 날 이슈바라인은 군인들에게 습격을 당하게 되어 피난을 가게 되는데, 피난 도중 스카가 어떤 홍련의 연금술사에게 팔을 폭발당해서 팔을 잃게 되자 그의 형은 자신의 팔을 동생에게 물려주고 자신의 팔은 잃는다. 이 일로 스카는 연금술사를 증오하게 되었는데, 어느 날 현자의 돌에 자신의 목숨을 바치면서 마침 거기 있던 알폰스의 몸을 연성하게 된다.

에드와 알폰스는 잃어버린 자신들의 몸과 팔, 다리를 되찾기 위해 현자의 돌을 찾아 여행을 떠난다.

그런 사정을 모르고 있던 알폰스가 그 사실을 알게 되면서 에릭 형제는 당황하게 된다. 하지만 현자의 돌을 연성할 수 있는 자를 노리는 호문쿨러스들은 에드와 알폰스를 죽이고 현자의 돌을 얻으려 한다. 이 사실을 알게 된 에드와 그와 가까운 군인들은 현자의 돌을 보호하려고 한다. 그런데 군의 총통도 호문쿨러스였다. 하지만 에드 측의 군인들이 이 사실을 알게 되어 에드를 보호한다.

그러던 중 에드는 자신의 아버지에 대한 비밀을 알게 된다. 아버지 호엔하임은 500년 전 도시의 사람들을 현자의 돌의 재료로 사용해 아직까지 살고 있는 인물이었던 것이다. 현자의 돌을 만들려면 사람이 죽을 때 나오는 증오나 분노 따위가 필요한데, 약 5천 명 가량의 사람이 희생되어야 한다. 그로 인해 호엔하임은 평소 향수를 뿌리고 다녔는데, 그것은 썩어가는 육체의 냄새를 막기 위한 것이었다.

한편, 호엔하임은 500년 전 단테와 결혼하여 엔비라는 아들이 있었는데, 단테는 엔비가 죽자 아들을 너무나도 살리고 싶은 마음에 도시의 사람들을 바친 후 현자의 돌을 얻어 엔비를 연성한다. 연성에 의해 다시 태어난 엔비는 호문쿨러스 중에서 가장 강한 능력을 가지고 있다.

엔비는 자신의 아버지이면서 에드의 아버지인 호엔하임을 증오하고, 아버지의 사랑을 받고 있는 에드를 죽이고 싶어 한다. 그러던 중 에릭의 아버지는 단테에게 죽게 되고, 에드는 엔비와 싸우다가 죽게 된다. 엔비는 문 너머의 세계에 있는 자신의 아버지를 만나고 싶어 그곳으로 가다가 육체를 빼앗겨 죽고 만다.

에드가 죽자 형의 죽음을 슬퍼하던 알폰스가 자신의 영혼과 현자의 돌을 사용해서 에드의 육체를 완전하게 연성한 뒤 영혼을 정착시켜 완벽한 인체연성을 이룬다. 하지만 에릭은 "너는 거기 있을 필요가 없어. 내가 거기 있는 것이 나을 거야"라고 말하면서 자신의 육체와 영혼을 문 너머의 세계로 바치고, 알폰스의 육체와 영혼을 연성한다.

에드는 문 너머의 세계가 여기 세계와 다를 바 없다는 것을 알게 된다. 여기 세계의 사람의 목숨이 저편 세계의 연금술에 쓰인다. 이 세계는 연금술만 없는 또 하나의 세계라고 본다. 그래서 에드는 저편 세계로 가게 되고 팔, 다리가 또다시 사라진다. 알폰스는 어머니를 인체연성하기 전까지의 기억만 간직한 채 살아남게 된다.

단테는 글루토미라는 무엇이든 녹여먹는 호문쿨러스한테 죽는다. 알폰스는 형을 만나기 위해 연금술을 열심히 공부하기로 마음먹는데, 문 너머의 세계에 있는 에드는 연금술 대신 과학기술을 이용해서 동생과 만나려고 여행을 떠난다.

등가교환의 법칙, 하나를 얻으려면 하나를 희생해야 한다

TV판 애니메이션이 시작할 때마다 '하나를 얻으려면 하나를 희생해야 한다'는 이야기가 나옵니다. 그리고 이 이야기와 함께 등가교환의 법칙이라는 말이 에피소드 중간 중간에도 반복적으로 나옵니다. 처음에는 별스럽지 않게 느껴지지만, 자꾸 듣다 보면 문득 불편하게 느껴집니다. 등가교환의 법칙이라는 게 무엇일까요? 애니메이션에서는 '질량 1을 가진 물질의 성질을 다른 것으로 변환시키더라도 여전히 질량 1'이라는 설명을 곁들입니다.

프랑스의 화학자 라부아지에(Lavoisier, Antoine Laurent, 1743~1794)는 1774년에 질량보존의 법칙(Law of Conservation of Mass)을 발견했습니다. 이 법칙은 화학 반응의 전후에서 반응물질의 전질량(全質量)과 생성 물질의 전질량이 같다는 것입니다. 쉽게 말하면 화학 반응이 생겨서 성질은 변하더라도, 물질이 소멸하거나 무(無)에서 물질이 생기는 일은 없다는 말입니다. 그런데 아인슈타인의 상대성이론에 따르면, 화학 반응이 생길 때 반응열도 생기므로 반응계의 에너지 증감이 있을 수 있습니다. 따라서 엄밀하게 말하면 질량보존의 법칙은 성립되지 않습니다.

한편, 등가교환(等價交換, exchange of equivalents)은 본래 경제학의 용어입니다. 경제학에서는 동일한 가치를 갖는 두 상품의 교환이라는 의미에서 이 등가교환이라는 용어를 사용합니다. 화폐가 생긴 후에는 대개 상품과 화폐가 교환되기 때문에 상품의 가치와 가격이 일치할 때 등가교환이 됩니다. 이 말은 본래 마르크스 경제학에서 나왔습니다. 그래서 여기서 말하는 가치란 사회가치를 말합니다. 곧, 상품 생산에 요구되는 노동력 및 노동시간이 동일한 생산물만이 등가물로서 교환될 수 있습니다. 이에 비해 자본주의 사회에서는 어떤 상품의 가치와 가격이 일치되는가를 그 상품에 대한 수요와 공급이 일치되는가로 판단합니다. 하지만 이 둘이 일치하는 경우가 드물기 때문에 엄밀한 의미에서 등가교환은 이루어지지 않습니다.

그런데도 이 애니메이션에서 등가교환의 법칙을 이야기하는 까닭은 무엇일까요? 누군가는 이 애니메이션이 '인간이라는 존재의 나약함'을 드러낸다고 말합니다. 그리고 터커와 단테라는 두 인물이 잘못된 등가교환의 사례라고 말합니다. 터커는 국가연금술사라는 자격을 박탈당하지 않으려고 자신의 친딸과 기르던 개를 합성해서 키메라라는 괴물을 만들어냅니다. 그리고 단테는 영생을 얻으려고 한 개 도시 전체의 생명을 제물로 바쳐버립니다. 겉으로 볼 때 이들은 등가교환이라는 법칙에 충실한 듯이 보입니다. 하지만 자신의 이익을 위해 타인을 희생시켰으므로 권선징악의 결말을 맞게 됩니다. 이렇게 보면 등가교환은 권선징악을 연상시킵니다.

매회 오프닝에서 반복되어서 그럴 수도 있지만, 이 등가교환의 법칙이라는 게 불편하게 느껴지는 이유는 '무엇인가를 이루려면 그에 상응하는 희생이 따라야 한다는 것'을 강요하는 것처럼 생각되기 때문입니다. 사실 이 애니메이션은 군(軍)이 이슈바르를 침공하면서 벌어진 이슈바르 전쟁 상황의 이야기를 다룹니다. 이 전쟁에 대해 머스탱은 이렇게 말합니다.

> 머 스 탱: 대총통이 호문쿨루스인지는 아무래도 좋다. 하지만 호문쿨루스라고 자칭하는 사람들은 기나긴 시간 동안 현자의 돌을 제조하려고 사람들을 희생시켜왔다. 그렇다면 이슈바르 내전도 현자의 돌을 만들기 위해 계획되었을 가능성이 있다.
>
> 호크아이: 일부러 전쟁을?
>
> 머 스 탱: 사람들이 현자의 돌을 원할 때가 언제지?
>
> 펄   만: 부, 영광, 지배.
>
> 휴   리: 영원한 생명.
>
> 호크아이: 절망.
>
> 머 스 탱: 자기 주변 사람들이 목숨을 잃어간다. 사람은 절망에 사로잡혔을 때 유일한 희망으로 현자의 돌을 원하게 된다. 전쟁이라는

비정상적인 상황에 놓이면, 타인의 생명을 희생하면 안 된다는 도덕심도 사라져버리지.

하 보 크: 그러고 보니 지금의 대총통이 집권한 이후에 이 나라는 계속 어딘가와 전쟁을 하고 있어.

브 레 다: 연전연승이기는 하다만….

머 스 탱: 전쟁을 하는 것이 불만은 아니다. 우리는 군인이다. 하지만 그것이 사람을 절망의 나락으로 떨어뜨려, 현자의 돌을 만들려고 하는 것이라면….

(TV시리즈 제45화 〈마음을 약하게 만드는 법〉)

애니메이션에서는 현자의 돌이 연금술사의 힘을 증폭시킨다고 합니다. 그렇게 힘이 증폭되면 인체연성, 곧 죽은 사람을 되살릴 수도 있습니다. 그런데 나중에 알게 된 것이지만, 이 돌은 사람의 목숨을 이용해서 만들 수 있습니다. 호문쿨루스는 연금술사들이 인체연성에 실패해서 만들어진 불완전한 인간으로서, 미완성된 현자의 돌을 먹은 개수만큼의 목숨을 가지고 있습니다. 그런데 이들이 원하는 것은 현자의 돌을 얻어서 인간이 되는 것입니다. 결국 호문쿨루스는 인간이 되려고 내전을 일으키거나 자기만의 전쟁을 일으켜 수많은 인간을 희생시키는 셈입니다.

이 애니메이션 초반부에서는 세뇌라도 시킬 만큼 등가교환의 법칙이 자주 등장합니다. 하지만 후반부에서는 그것을 부정합니다. 예컨대, 눈을 잃었지만 사랑하는 사람을 얻게 된 머스탱, 팔다리를 잃었지만 가족을 얻게 된 라스, 전쟁을 겪었지만 다시 이슈바르를 되찾은 이슈바르인들, 자신의 몸을 잃었지만 형의 팔다리를 찾게 해준 알폰소, 자신의 팔다리를 잃었지만 동생의 몸을 찾게 해준 에드 등을 통해서 타인의 희생이 아닌 자신의 희생을 말하기 때문입니다. 아직도 원작이 계속 연재되고 있으므로 이 이야기가 어떻게 결말을 맞이할지는 알 수 없습니다. 하지만 지금까지의 내용으로 미루어 보건대, 타인의 희생을 전제로 자신의 목표를 이루려는 것이 잘못된 것이고, 자신의 무조건적인 희생을 전제로 공동선으로 나아가자는 주제의식이 드러나는 것 같기는 합니다.

이렇게 보면 이 애니메이션에서 다루는 연금술은 금(金)이 아닌, 인간의 생명과 정신을 제련하는 것이 됩니다. 서양의 연금술에서 현자의 돌을 철학자의 돌(Philosopher's stone)이라고 하는데, 이것이 중국의 연단술(煉丹術)과 연결되는 지점도 바로 여기에 있습니다. 자기희생이든 타인의 희생이든 희생을 강요하는 듯이 보여서 불편한 이 애니메이션이 호평을 받는 이유도 바로 여기에 있습니다.

이제 오행(五行), 양생과 연단, 현자의 돌과 과학의 의미라는 주제로 이 애니메이션을 살펴보도록 할까요.

오행이란 무엇일까?

인류는 세상에 있는 모든 것들과 세상에서 일어나는 모든 일들에는 어떤 법칙이 있다고 생각했습니다. 이 법칙에 따르면, 모든 것들은 더 이상 쪼갤 수 없는 근본적인 무엇인가로 이루어져 있습니다. 그 근본적인 무엇인가를 서양철학에서는 아르케(arche)라고 했습니다. 아르케는 아르코(archo)라는 말에서 나왔는데, 이 말은 '군대를 싸움으로 이끌다'라는 뜻입니다. 여기에서 '선두에 서다', '지배하다'라는 뜻이 파생되었고, 나중에 '원리'나 '원인'을 뜻하게 되었습니다. 서양철학에서는 아낙시만드로스(Anaximandros, B.C. 610~B.C. 546)가 아르케라는 말을 처음 사용한 것으로 알려져 있습니다. 그는 아르케가 만물이 생성하고 소멸하는 근본적인 무한자(無限者, apeiron)라고 했습니다. 나중에는 '사물을 아는 원리'나 '원인'을 뜻하게 되었는데, 아리스토텔레스는 이 두 가지 용례를 종합했습니다.

오늘날에는 만물의 근원을 원소라고 하는데, 이때는 화학 원소(化學元素, chemical element)를 가리킵니다. 화학 원소는 화학적 방법으로 더 간단한 순물질로 나눌 수 없는 순물질을 가리킵니다. 지금까지는 119개가 이미 발견되었거나 발견될 수 있을 것이라고 생각합니다. 이 원소들은 아홉 개마다 비슷한 성질을 띱니다. 왜냐하면 양성자의 수에 따라 화학적 성질이 달라지기 때문입니다. 이렇게 화학적 성질이 비슷한 원소들을 같은 족(族)의 원소라고 합니다. 이에 비해 질량은 비슷하지만 그 성질이 다른 원소들을 같은 주기(週期)의 원소라고 합니다. 현행표준주기율표에 따르면 18족과 8주기가 있습니다.

과거에는 빛과 어둠 두 가지로 모든 것들이 이루어져 있다고 생각했습니다. 중국철학에서는 이런 생각을 한 사람들을 음양가(陰陽家)라고 불렀습니다. 사실 이 세상의 모든 것들은 마이너스(음)와 플러스(양) 두 가지로 분류할 수 있습니다. 왜냐하면 모든 것들은 운동과 정지, 생명과 죽음, 명암, 암컷과 수컷 등 두 가지 범주로 나눌 수 있기 때문입니다. 심지어는 신(神)조차도 선한 신과 악한 신으로 나눌 수 있습니다.

사람들이 자연을 좀 더 이해하게 되자 좀 더 복잡한 분류법이 등장하게 되었습니다. 서양에서는 네 가지 원소로 이 세계의 구성을 설명하려고 했습니다. 흔히 지(地)·수(水)·화(火)·풍(風)이라고 하는 4원소가 여기에 해당합니다. 이런 생각은 아낙시메네스(Anaximenes, B.C. 585?~ B.C. 528?)에 기원을 두고 있습니다. 그가 아르케라고 생각했던 것은 공기입니다. 그런데 이 공기가 평상시 상태보다 희박해진 것이 불, 짙어진 것이 물, 더 짙어진 것이 흙이나 돌이라고 생각했습니다.

그런데 여기서 말하는 4원소가 흙이라든가 물 등과 같은 자연물을 가리키는 것은 아닙니다. 흙의 성질을 가지고 있는 것, 물의 성질을 가지고 있는 것 등으로 모든 것들을 나눈 것입니다. 이렇게 보면 뤽 베송 감독의 영화 〈제5원소〉는 코미디입니다. 절대악을 없앨 무기를 작동하려고 모래·땀·성냥불·호흡을 이용했기 때문입니다. 물론 이들 각각을 아리스토텔레스의 4원소에 대응시킬 수 있습니다. 그렇다면 하나 남은 성냥으로 긴장을 조성할 필요가 없지 않을까요? 성냥불이 없더라도 원소 불에 해당하는 다른 것을 찾으면 되니까 말입니다. 그리고 피타고라스의 제자가 찾았지만 결과적으로 그것 때문에 죽임을 당했다는 미지의 제5원소, 곧 퀸테센스(quintessence)를 하늘에서 온 리루라고 하는 절대선과 그에 대한 사랑으로 설정한 것도 아리스토텔레스를 차용한 것이지만, 참 할리우드 영화답다는 생각이 듭니다.

동양에서는 이미 오래전에 5원소설이 있었습니다. 인도에서는 지(地)・수(水)・화(火)・풍(風)의 4원소에 그것들이 존재하는 장소인 공(空)을 집어넣었습니다. 학파에 따라서는 이 다섯 가지 원소에 시간・방위・아트만(atman)・사고기관을 넣어서 9원소가 있다고 주장하기도 했고, 영혼・얻음・잃음・괴로움・즐거움・태어남・죽음을 넣어서 12원소가 있다고 주장하기도 했습니다. 이에 비해서 중국에서는 목(木)・화(火)・토(土)・금(金)・수(水) 등 5원소가 있다고 주장한 사람들이 있었는데, 이들을 오행가(五行家)라고 합니다. 앞서 말했던 음양가와 오행가가 나중에는 하나로 합쳐서 음양오행가(陰陽五行家)를 이루게 되었습니다.

음양오행가는 중국의 자연철학은 물론 역사철학과 인생철학 분야에도 상당한 영향을 끼쳤습니다. 동쪽・남쪽・중앙・서쪽・북쪽의 방위는 물론 봄・여름・토용(土用)・가을・겨울과 같은 계절도 목화토금수의 오행에 배치했기 때문입니다. 여기서 토용이라고 한 것은 입춘(立春), 입하(立夏), 입추(立秋), 입동(立冬) 이전의 18일을 말합니다. 이밖에도 갑을(甲乙), 병정(丙丁), 무기(戊己), 경신(庚辛), 임계(壬癸) 등 십간(十干)과 인묘(寅卯), 사오(巳午), 진미술축(辰未戌丑), 신유(申酉), 해자(亥子) 등 십이지(十二支)도 각각 목화토금수의 오행에 배치됩니다. 또한 오행에는 색이라든지 소리, 맛 등이 모두 각각 배치됩니다.

본래 오행(五行)이라고 할 때 행(行)은 원소주기율표의 주기와 유사합니다. 사물을 다섯 가지 족(族)으로 묶어서 이것들이 각각 서로 순서에 따라 영향을 미친다고 생각했기 때문입니다. 이렇게 이 세계에 있는 모든 것들은 각각 그 항렬이 있고, 순환 반복한다는 생각에서 오행상생설과 오행상극설이 나왔습니다. 오행상생설과 오행상극설은 생성을 긍정적이고 부정적인 두 가지 면으로 설명한 것입니다. 사물이 생성되는 데는 두 가지 힘이 작용합니다. 어떤 것이 바탕이 되어 다른 것이 생성될 수 있는가 하면, 새로운 것이 나와서 기존의 것을 대체하기도 합니다.

오행상생설에 따르면, 목(木)은 화(火)를, 화(火)는 토(土)를, 토(土)는 금(金)을, 금(金)은 수(水)를 낳습니다. 쉽게 얘기하면, 나무는 불이 타게 하는데, 불이 타면 재(灰)가 남으며, 흙 속에는 쇠붙이가 나옵니다. 그리고 쇠붙이가 녹으면 쇳물이 되고, 물이 있어야 나무가 자란다는 것입니다. 한편, 상극설은 상생설의 각 요소들을 거꾸로 두 단계씩 뛰어넘습니다. 목(木)을 극하는 것은 금(金), 금(金)을 극하는 것은 화(火), 화(火)를 극하는 것은 수(水), 수(水)를 극하는 것은 토(土), 토(土)를 극하는 것은 수(水)입니다. 나무는 쇠로 베어지고, 쇠는 불에 녹으며, 불은 물로 끕니다. 그리고 물은 흙으로 막고, 흙을 뚫고 나무가 자란다는 것입니다.

사물을 분류하는 데만 그치지 않고, 각각의 원소들이 이렇게 서로 관계한다고 본 것은 상당히 특이합니다. 이런 오행설이 동중서(董仲舒, B.C. 170?~B.C. 120?) 이후로는 왕조의 흥망성쇠 등 인간의 역사에도 적용될 수 있다고 생각했습니다. 하나의 왕조는 상생하는 성질을 가진 다음의 왕조로 이어질 수 있고, 상극하는 다음의 왕조에 의해 멸망할 수도 있습니다. 그리고 그 다음을 잇는 왕조도 마찬가지입니다. 오행의 상생, 또는 상극은 한 번으로 끝나는 것이 아니라 말 그대로 생생불식(生生不息; 쉼 없이 되풀이하는 것)합니다.

〈강철의 연금술사〉에서는 이 오행의 상생 또는 상극 원리가 분명히 드러나지 않습니다. 오히려 서양의 연금술과 기독교적 세계관에 바탕을 둔 것으로 볼 수 있습니다. 본래 인간과 유사한 작은 생명체를 뜻하는 호문쿨루스(homunculus)를 중세 기독교의 칠종죄(七宗罪, seven sin)와 연결시킨 것이나, 유대교의 신비주의 경전인 카발라(Kabbalah)에 나오는 도표에서 비롯된 연성진이 주요 소재인 것을 보면 그렇습니다. 그러므로 굳이 오행의 원리를 찾는다면 에드를 국가연금술사로 이끈 로이 머스탱이 '불꽃의 연금술사'라는 점 정도입니다. 오행상극설에 따르면, 화(火)와 금(金)은 서로 상극하는 사이입니다. 그래서 로이와 에드는 서로 상극하는 사이입니다. 하지만 금(金)은 화(火)를 통해서 수(水)를 낳을 수 있습니다. 그래서 로이는 에드를 연금술사로 만듭니다. TV판 애니메이션 제13화에서는 이 둘의 대결이 무승부로 끝나지만, 원작에서는 로이가 에드를 이깁니다. 이것도 오행상극설에 따른 것이라고 하겠습니다.

양생과 연단은 무엇일까?

예전에는 육십갑자(六十甲子)라고 해서 하늘의 시간인 천간(天干)과 땅의 시간인 지지(地支)가 한 번 순환하는 60년을 인간의 정해진 수명으로 생각했습니다. 그런데 한 가지 재미있는 것은 요절(夭折)과 단명(短命)의 차이입니다. 요절은 본래 '어린 나이에 꺾였다'고 해서 미인박명(美人薄命) 천재요절(天才夭折)이라는 속설에 등장하는 용어입니다. 예전에는 요(夭)를 허리 '요(腰)'로 혼동해서, 육십 평생의 반인 서른 살 즈음에 죽으면 요절이라고 했습니다. 이에 비해서 단명은 수명(壽命)이 짧다는 뜻으로, 정해진 수명인 60을 채우지 못하고 일찍 죽은 경우를 가리킵니다. 속설에 요절은 하늘의 총애를 받는 천재(天才)나 미인(美人)이, 단명은 잘못을 저질러 하늘의 미움을 받은 사람이 받게 된다고 합니다.

"나 하늘로 돌아가리라/ 아름다운 이 세상 소풍 끝내는 날/ 가서, 아름다웠노라고 말하리라." 천상병 시인의 〈귀천歸天〉이라는 시의 한 구절입니다. 인간은 죽을 수밖에 없는 존재입니다. 영어로 하면 모털(Mortal)이지만, 히브리어로는 에노스(Enosh)라고 합니다. 에노스는 카인(Qayin; 얻음)에게 죽임을 당한 아벨(Hevel; 숨) 대신 아담(Adam; 진흙)과 이브(Eva; 삶)에게 내려준 아들 셋(Seth; 약속된, 정해진)의 아들입니다. 〈창세기〉에서는 셋의 아들인 에노스가 태어나면서부터 사람들이 하느님의 이름을 부르게 되었다고 기록하고 있습니다.

이를 두고 두 가지 상반된 주장이 있습니다. 하나는 이때부터 하느님을 찾게 되었다고 보고, 다른 하나는 이때부터 하느님의 이름을 욕되게 해서 심판 받게 되었다고 봅니다. 이런 논란이 생기게 된 까닭은 에노스의 이름 때문입니다. '죽을 운명'이라는 것을 자각하고 신을 찾기 시작했다고 하면 매우 철학적입니다. 그런데 함부로 부를 수 없는 신의 이름을 불렀기 때문에 죽을 운명에 이르게 되었다고 하면 매우 종교적입니다. 다만 한 가지 고려해야 할 것은 인간이 죽게 된 것은 에덴동산에서 선악과를 따 먹은 원죄 때문이지, 에노스 시대에 신의 이름을 함부로 불렀기 때문은 아니라는 것입니다. 종교적으로 볼 것인지, 철학적으로 볼 것인지는 각자의 선택에 달려 있습니다. 하지만 천상병 시인의 슬프도록 아름다운 시구처럼 죽음과 죽을 운명을 아름답게 받아들이려면 이 세상에 있는 동안 아름답게 살아야 합니다.

2011년 우리나라 평균 기대수명은 여성이 83세, 남성이 76세라고 합니다. 50년 전인 1961년에 여성이 64세, 남성이 58세였던 것을 생각하면 20년 가까이 오래 사는 셈입니다. 그런데 아직 멀었습니다. 왜냐하면 성장 기간의 6배가 한계수명이라고 할 때 인간의 한계수명은 120세가 되기 때문입니다. 그리고 지난 2001년에 스티븐 오스태드 미국 아이다호대 교수와 스튜어트 올샨스키 미국 일리노이대 교수가 인간이 150세까지 살 수 있는가를 두고 5억 달러 내기를 한 사건으로 볼 때, 120세 이상 사는 것도 전혀 불가능한 것은 아닌 것 같습니다.

그런데 우리는 이렇게 오래 살려고 하지만, 얼마를 살든 죽을 수밖에 없습니다. 장생(長生)이 불멸(不滅)을 뜻하는 것은 아니기 때문입니다. 그럼에도 불구하고 우리는 불로장생(不老長生)이라는 말에 이끌립니다. 그래서 왕조가 몇 번 바뀌었는데도 불구하고 아직 홍안(紅顔), 곧 젊은이의 얼굴을 한 신선이 되기를 추구해왔습니다. 그 대표적인 것이 장도릉(張道陵)의 양생술(養生術), 그리고 위백양(魏伯陽)의 《주역참동계周易參同契》와 갈홍(葛洪, 283~363)의 《포박자抱朴子》에 소개된 연단술(練丹術)입니다. 도교에는 본래 여러 종파가 있지만, 장도릉의 계열을 양생파라고 하고, 위백양과 갈홍의 계열을 신선파(神仙派) 또는 연단술파라고 합니다. 이들은 모두 노자와 장자의 저술에 나오는 장생(長生)과 양생(養生)을 불사(不死)나 장수(長壽)로 오해했습니다.

> 삶에서 나와서 죽음으로 들어서는구나. …그 삶을 너무 특별하게 보기 때문이다. 듣자 하니 삶을 잘 지키는 사람(善攝生者)은 뭍으로 다녀도 범과 코뿔소를 만나지 않고, 군대에 가더라도 갑옷을 입거나 병장기를 들지 않는다. 코뿔소는 그 뿔을 치받을 데가 없고, 범은 그 발톱을 박아 넣을 데가 없다. 그리고 병장기는 그 칼날을 담글 데가 없다. 왜 그런가? 그 죽을 데가 없기 때문이다.
>
> (《도덕경》 50)

양생파는 섭생을 잘하는 사람이 죽지 않는다는 말을 곧이곧대로 받아들였습니다. 하지만 노자가 말하려고 한 것은 단순히 죽지 않는다는 것이 아닙니다. 오히려 육체적인 생명 연장에 애쓰는 것을 비판한 것입니다. 먼 길을 떠나는 이유도, 전쟁을 하는 이유도 육체적인 생명에 집착하기 때문입니다. 이것을 노자는 그 삶을 너무 특별하게 보는 것, 두텁게 여기는 것(其生生之厚)라고 말합니다. 그러므로 섭생을 잘한다고 말한 것은 육체적인 생명을 연장시키는 것이 아니라, 주어진 삶에 충실한 것을 가리킵니다. 이 점은 장자의 말에서도 확인됩니다.

> 착한 일을 하면 이름이 나지 않게 하고, 나쁜 일을 하면 형벌에 걸리지 않도록 한다. 중간의 입장을 따라 기준으로 삼는다. 그러면 몸을 온전히 지킬 수 있고, 평생을 무사히 보낼 수 있으며, 부모를 공양할 수 있고, 천수를 다할 수 있다(可以保身, 可以全生, 可以養親, 可以盡年).
>
> (《장자》〈양생주〉2)

여기서 말하는 착한 일과 나쁜 일은 명성과 형벌과 각각 대비됩니다. 그러므로 자신이 살고 있는 사회의 가치에 따라 착하다거나 나쁘다고 판단되는 구체적인 행위를 가리켜 선악이라고 한 것으로 볼 수 있습니다.

"아빠, 제가 그러려고 그런 게 아니고요. 엄마가 도형이 잘 씻기라고 해서 좀 세게 문질렀는데 그렇게 된 거예요." 오랜만에 막내 샤워를 시키게 된 민성이가 말합니다. 아마도 아프다고 우는 동생을 보면서 '억울하다'를 백 번쯤은 되뇌었을 겁니다. 하지만 도형이 등은 벌겋게 껍질이 벗겨져 있습니다. 살다 보면 이렇게 억울한 일이 많습니다. 장자는 그래서 착하다고 이름이 날 만한 일을 하는 것도, 나쁘다고 처벌 받을 만한 일을 하는 것도 언제나 연독(緣督)하는 것을 기준으로 삼으라고 했습니다.

　인용문에서는 맹자의 중용(中庸)을 끌어들여 중간의 입장이라고 번역했지만, 연독(緣督)은 '바로 잡는 것을 묶다', '자세히 살펴서'라는 말입니다. 이것을 신선파에서는 '맑고 부드러우며 미묘한 기운을 허(虛)의 원리에 따라 운행하게 하는 것'이라고 생각했습니다. 실제 《포박자》에는 벽곡(辟穀; 곡식을 먹지 않는 것), 도인(導引; 인체의 동작)과 행기(行氣; 호흡법), 방중술(房中術; 성적 결합을 이용한 기의 순환), 존사법(存思法; 명상법), 금단(金丹; 내단수련법과 외단수련법) 등 다양한 수행법이 나옵니다. 그런데 이것들은 모두 순수물질이라고 생각되는 금(金)의 정화를 섭취함(연독)으로써 인간의 생명을 순수하게 정화시킬 수 있다는 발상에서 비롯된 것입니다.

　애니메이션에서는 불사신에 가까운 호문쿨루스가 죽을 운명인 사람이 되려는 역설적인 상황을 설정합니다. 지금까지 살펴본 바와 같이 이 설정은 인간이 '얼마나' 살 것인지가 아니라 '어떻게' 살 것인지에 초점을 맞춘 데서 비롯된 것입니다. 물론 금(金)은 순수물질이기 때문에 세월이 가도 변하지 않는다고 합니다. 그래서 금(金)은 세월이 가도 변하지 않는 인간의 순수정신을 의미하기도 합니다. 그런 점에서 연금술사는 사실 인간의 순수정신을 추구한 사람들로 볼 수 있습니다.

현자의 돌과 과학의 의미

우선 지금까지 몇 번씩이나 등장했던 제5원소 이야기부터 해보죠. 그리스인들은 눈에 보이지 않는 어떤 물질이 별과 행성을 떠받치고 있다고 믿었습니다. 그 큰 천체들이 땅으로 쏟아지지 않고 하늘에 매달려 있는 것은 분명히 그것들을 제자리에 붙들어 매고 있는 무엇인가가 있기 때문이라고 생각했던 것입니다. 아리스토텔레스는 그러한 물질이 수정이라고 생각했습니다. 왜냐하면 당시 단단하면서도 투명한 물질은 수정뿐이었기 때문입니다. 그래서 아리스토텔레스는 지구상의 4원소와 천상의 물질인 제5원소(quintessence)가 이 세계를 이루는 것이라고 생각했습니다. 곧 제5원소에 건·습·온·냉의 네 가지 성질이 더해져서 불과 물, 공기, 그리고 흙이라는 네 가지 원소가 이루어지고, 다시 이 네 가지 원소가 혼합되어 세계가 이루어진다는 것입니다.

이 소박한 생각은 연금술사에게 받아들여졌습니다. 세계가 어떻게 이루어졌는지를 알려고 하는 사람은 네 가지 원소가 어떻게 변성되었는지를 알기만 하면 됩니다. 그래서 연금술사들은 네 가지 원소가 어떻게 이 세계를 만들어냈는지를 탐구하면서, 이 네 가지 원소에서 제1물질을 추출해내려고 했습니다. 왜냐하면 제1물질이야말로 모든 것이 시작된 근원으로서, 생명 그 자체이기 때문입니다. 제1물질이 현자의 돌, 또는 철학자의 돌이라고 불리게 된 이유도 바로 여기에 있습니다. 생명 그 자체인 이 물질은 네 가지 원소와 그것에서 비롯된 다양 요소들을 안으로 포용하고 조화롭게 만듭니다. 이 점에서 이 물질은 세계의 영혼이라고 할 수 있는데, 연금술에서는 모든 금속의 근원인 메르쿠리우스(Mercurius)와 동일한 것이라고 여겼습니다.

메르쿠리우스는 그리스 신화에 나오는 헤르메스(Hermes)의 라틴어 표기입니다. 그리스 신화에서는 전령의 신으로, 로마 신화에서는 상업과 이익 추구, 교역의 신으로 묘사됩니다. 둘 다 '연결 관계'와 관련되어 있습니다. 연금술에서는 이런 역할을 하는 금속이 수은이라고 생각했습니다. 수은은 상온에서 액체인 유일한 금속입니다. 수은은 금광석에서 금을 추출하는 데 사용될 뿐 아니라, 다른 금속을 녹여서 수은으로 만든 합금, 곧 아말감(amalgam)을 만들 수 있습니다.

연금술사들은 지구에 존재하는 금속이 모두 금으로 변화하려는 경향을 가지고 있다고 생각했습니다. 이들은 금속이나 광물도 동물이나 식물처럼 자라나는데, 자연 상태에서 오랜 시간이 필요한 이 일이 실험실에서 조작하면 빨리 일어날 수 있는 것으로 생각했습니다. 그런데 이 작업을 하는 연금술사는 인간으로서 영혼(Anima), 정신(Spiritus), 육체(Corpus)를 가지고 있습니다. 천체로 말하면 해와 달, 그리고 지구가 여기에 해당합니다. 그리고 연금술에 필요한 기본 물질로는 각각 유황(Sulfur), 수은(Mercury), 소금(Salt)이 여기에 해당합니다. 이세 가지를 이용해야 불완전한 물질인 납에 이미 들어 있는 금을 꺼내 자유롭게 할 수 있는 것으로 생각했습니다. 애니메이션에서 연금술사의 희생이 자주 거론되는 이유도 여기에 있습니다.

한편, 동양의 연단술은 내단술과 외단술로 나눌 수 있습니다. 외단술은 서양의 연금술처럼 불을 이용해서 약물을 녹이거나 태워서 장생불사의 선단(仙丹), 또는 금단(金丹)을 제조하는 것입니다. 이 과정에 사용되는 약물은 주로 납과 수은 등의 광물인데, 약초(藥草)를 더하면 60여 가지가 됩니다. 여기서 납은 오행 가운데 금(金), 수은은 목(木)에 해당합니다. 이 둘을 솥에 넣고 아홉 번 태우면 금단이 만들어지는데, 이것을 먹으면 불로장생의 신선이 된다고 생각했습니다.

이에 비해 내단술은 세계가 기(氣)로 이루어져 있다는 데서 출발합니다. 인간도 이 기(氣)로 이루어져 있는 존재이므로, 약물을 먹지 않아도 이 기(氣)를 단련하여 시원(始原)의 생명력을 회복할 수 있다고 생각했습니다. 내단술은 외단의 솥과 그릇을 각각 인체의 머리와 단전(丹田; 배꼽 아래)으로 설정합니다. 그리고 사람의 몸을 이루는 정(精)과 기(氣)를 외단의 연홍과 같은 것으로 봅니다. 이 둘을 단련하면 인간의 생명을 주재하는 신(神)이 강화됩니다. 여기서 말하는 신은 하느님이나 귀신이 아니라 우리들 인간 속에 있는 신비한 구성 요소입니다. 정(精)은 교감, 기(氣)는 호흡, 신(神)은 사려의 기능을 가지고 있습니다. 그러므로 제멋대로 움직이려는 기(氣)를 정(精)의 힘으로 잡아 당겨 조절하면서 온몸으로 돌리면, 마침내 신(神)과 교류하여 신체적인 건강과 정신적인 발전이 이루어진다는 것이 내단술의 기본 이론 구조입니다.

이렇게 보면 연금술이나 연단술은 인간이 정신적으로나 육체적으로 건강하게 사는 데 목표를 두고 있습니다. 그러기 위해서 이 세계의 법칙을 탐구한 것입니다. 애니메이션에서도 이 점이 강조됩니다.

이 애니메이션은 서양의 연금술에 기본 바탕을 두고 있습니다. 그런데 본래 서양의 연금술에 따르면, 연금술의 과정을 통해 모든 금속의 부모인 유황과 수은이 결합하여 현자의 돌이 만들어집니다. 여기에 비해서 TV시리즈 제19화에서는 인간의 생명으로 현자의 돌이 만들어진다는 진실이 드러납니다. 그래서 에드는 고민 끝에 현자의 돌을 찾는 일을 포기하려고 합니다. 하지만 그런 에드에게 누군가가 "의미가 있든 없든 그것을 확인하는 것만으로도 헛수고가 되지는 않는다고 생각합니다. 당신들이 바라는 것은 그렇게 간단한 것이 아니잖아요?"라고 말합니다. 그러자 에드는 자기가 찾던 '진실 속에 또 다른 진실(The genuine truth behind truths)'이 있다고 생각합니다. 이렇게 해서 그가 찾아 나선 진실은 무엇일까요?

알폰소와 에드의 스승인 이즈미 커티스는 이렇게 말합니다.

생명과 물건은 다르고, 나는 하느님이 아니란다. …치코의 생명은 만들어줄 수 없지만, 묘지는 만들어줄 수 있단다. 살아 있으면 언젠가 육체는 다해서 흙으로 돌아가고, 그 위에 풀이 나고 꽃이 핀다. 영혼은 '추억'이라는 양식이 되어서 사람들의 마음속에서 계속 살아가게 되는 거야. 세상의 모든 것은 흐르고 순환하고 있어. 사람의 생명 또한 그렇지. …자신은 이렇게 잘 알고 있는데 말이야. 아직도 아이들에게 죽음을 납득시키는 것은 어려워. …연성진의 기본은 원의 힘. 원은 힘의 순환을 나타내고, 거기에 구축식을 그리는 것으로써 힘을 발동시키는 것이 가능해진다. 힘의 흐름과 법칙을 알게 됨으로써 온갖 경우에 대응할 수 있다. 그것을 받아들이고 이해한 후에 창조하는 것…그것이 연금술사. 세상은 항상 커다란 흐름에 따라 움직이고 있다. 사람이 죽는 것도 그 흐름 중의 하나이니까 사람을 되살린다는 것은 생각해서는 안 된다.

(TV시리즈 제27화 〈스승님〉)

그 이후로도 많은 이야기가 펼쳐지고, 평행우주론(Parallel World)에 바탕을 둔 듯한 극장판도 나왔습니다. 하지만 연금술이 되었든, 연단술이 되었든 세계의 법칙을 알려고 하는 본래 목적은 이즈미 선생님이 말하는 것 이상도 이하도 아닙니다.

오늘날 우리는 과학만능의 시대에 살고 있습니다. 모든 것들의 법칙을 알면 모든 문제를 해결할 수 있다고 생각합니다. 그래서 좀 더 많은 것들을 알려고 하고, 좀 더 많은 것들에서 법칙을 찾아내려고 합니다. 그런데 과학만능의 시대에도 우리는 '어떻게 살 것인가' 하는 문제에 대해서만큼은 공자와 맹자, 그리고 아리스토텔레스 시대보다 나을 것이 하나도 없습니다. 이 점을 주의 환기시키는 것이 이 애니메이션의 매력입니다.

9
전쟁에 희생된 오누이 이야기
반딧불의 묘

원작 : 火垂るの墓(1998)
감독 : 다카하타 이사오

❖ 등장인물

세이타 : 14세. 해군 장교로 전쟁에 참전하여 돌아오지 않는 아버지와 공습으로 돌아가신 어머니 대신 어린 동생 세쓰코를 돌보게 됨. 세쓰코가 죽은 후 동생의 뼈를 품에 안은 채 역에서 죽음을 맞이함.

세쓰코 : 4세. 사탕 하나에 기쁨을 느끼는 천진난만한 여자아이. 먹을 것을 가져온 오빠를 남겨두고 영양실조로 죽게 됨.

큰엄마 : 전쟁으로 어머니를 잃은 세이타와 세쓰코 남매를 처음에는 받아주지만, 이후 밥을 축낸다며 냉대함으로써 남매를 방공호로 내몰게 됨.

엄마 : 세이타와 세쓰코의 엄마. 대공습이 있던 날, 어린 남매를 두고 화염에 휩싸여 죽게 됨.

순경 : 세이타가 먹을 것을 훔치는 것을 보고 잡아오지만, 불쌍히 여겨 풀어줌.

스토리 라인

세쓰코의 어린 영혼을 통해 전쟁의 비참함을 보여준 〈반딧불의 묘〉

"1945년 9월 21일 밤, 나는 죽었다"라는 주인공 세이타 영혼의 충격적인 독백으로 애니메이션은 시작된다.

고베 시의 한 역에 한 소년이 죽어 있다. 주인공 세이타다. 역원이 시체 옆에 떨어져 있는 사탕상자를 주워 흔들자 달그락하는 소리가 들린다. 그 안에 들어 있는 것은 한 달 전 세이타와 똑같이 죽어간 여동생 세쓰코의 뼈다. 이어서 이야기는 세이타의 회상을 통해 3개월 전으로 거슬러 올라간다.

세이타의 집안은 해군 집안으로 풍족했으나, 전쟁이 나서 아버지가 태평양전쟁에 출전하는 바람에 어머니와 어린 동생 세쓰코와 함께 살고 있었다. 전쟁이 끝날 무렵인 1945년 고베에 미군의 폭격기 B-29의 대공습이 있던 날, 세이타는 집을 다 정리하고 먹을 식량을 땅에 묻고 난 후에 여동생 세쓰코와 함께 밖으로 대피한다. 다행히 세이타와 세쓰코는 미군의 공습을 겨우 피할 수 있었으나, 남매의 어머니는 피난소인 학교로 가는 도중 전신에 심한 화상을 입고는 그다음 날 결국 숨을 거두고 만다.

집은 불타고 어머니마저 잃은 두 남매는 먼 친척뻘 되는 아주머니의 집을 찾아간다. 그곳에서 남매는 얼마간은 지낼 수 있었으나, 시간이 지나면서 친척아주머니는 두 남매를 냉대한다. 먹을 식량이 없어 어머니의 옷인 키모노를 쌀로 바꾸기도 하다가 결국은 친척집을 나와 근처에 있는 어두운 방공호 속에서 남매의 새로운 생활은 시작된다.

남매에게 방공호 생활은 즐거웠다. 방공호 앞의 연못에서 춤추고 있는 반딧불을 잡아서 방공호 안에 걸어둔 모기장 속으로 풀어놓기도 하면서 그들은 잠시나마 자연이 주는 삶에서 위안을 느낀다. 수백 마리의 반딧불에서 나오는 하얗고 푸른빛이 남매의 얼굴을 환상적으로 비춘다.

그러나 다음날 반딧불은 모두 죽어버리고, 세쓰코는 반딧불을 묻으며 "이건 반딧불 묘지야. 엄마도 묘지에 들어갔어"라고 중얼거린다. 세이타가 이 말을 듣고 놀라 바라보자 세쓰코는 전에 아줌마에게 들었다고 말한다. "엄마는 벌써 죽어서 묘지 안에 있다고." 그 순간 세이타는 지금까지 참고 있었던 눈물을 한꺼번에 흘린다.

특별한 수입원도 없이 얼마 안 되는 식량으로 방공호의 생활을 이어가던 도중, 세쓰코는 음식을 먹지 못하게 되면서 몸이 점점 여위어 간다. 어린 동생의 병세를 두고 볼 수 없었던 세이타는 먹을 것을 훔쳐서 세쓰코에게 먹인다. 그러다 순경에게 잡혀 파출소에까지 넘겨지지만, 다행히

세이타와 세쓰코 남매는 방공호 생활을 하면서 반딧불과 잠시나마 즐거운 시간을 보낸다.

순경은 세이타를 가엾이 여겨 돌려보내 준다. 하지만 세이타는 도둑질을 그만둘 수가 없었다. 나날이 수척해지는 세쓰코에게 밥을 먹이기 위해 공습 사이렌이 울려 사람들이 방호로 피할 때면, 죽음을 무릅쓰고 빈집에 숨어들어가 식량과 옷들을 계속 훔친다. 하지만 도둑질을 계속할 수 없게 되자 세이타는 어머니가 저금해둔 돈을 찾던 중 일본의 패전을 알게 되고, 더불어 해군장교인 아버지의 죽음도 알게 되어 좌절에 빠진다.

　어느 날 세이타는 수풀 속에 세쓰코가 쓰러져 있는 것을 발견한다. 세이타는 서둘러 병원으로 데려가지만, 영양실조에 걸린 세쓰코는 얼마 못 가서 "오빠, 안녕"이라는 말을 남긴 채 사라져가는 반딧불처럼 세상을 뜨게 된다. 세쓰코가 죽은 지 얼마 안 되어 전쟁은 끝났지만, 세이타 역시 동생을 따라 그 뒤를 따른다.

"쇼와 20년(1945년) 9월 21일 밤, 나는 죽었다"

누가 이렇게 담담하게 죽음을 말할 수 있을까요? 그것도 자신의 죽음을 말입니다. 하지만 이 애니메이션은 이 담담한 말로 시작해서 그 말을 거슬러 올라갑니다. 그리고 죽음의 순간을 지나치다 싶을 정도로 사실적으로 그려냅니다. 마지막 숨을 몰아쉬는 소년은 다 헤진 옷에 맨발로, 역 앞 기둥에 기대 앉아 구부정하게 상체를 구부리고 앉아 있습니다. 행인들은 그를 피해 다닙니다.

"어이, 조심해요."
"어머, 죽은 건가?"
"미군이 곧 온다는데, 창피하게 역에 이런 사람들이 있다니…."

행인들이 던지는 한 마디 한 마디는 충격적입니다. 그래서일까요? 죽어가는 소년의 곁에 주먹밥을 내려놓는 아름다운 손조차도 잔인하게 느껴집니다. 굶어 죽어가고 있다는 것을 이렇게 사실적으로 그려낸다는 것이 슬퍼서 그렇습니다. 이 애니메이션의 영상미는 사실과 환상을 교차하는 데서 더욱 빛납니다. 소년의 주검을 치우러 온 역무원이 동생 세쓰코의 뼈가 들어 있는 줄을 모르고 사탕상자를 만지작거리다가 저만치 풀숲으로 던지는 것은 지독하게도 사실적입니다. 사탕상자가 풀숲에 툭하고 떨어지자 반딧불이가 느릿하게 날아오르는 것도 그렇습니다. 하지만 그때 세쓰코의 영혼이 등장하여 오빠의 주검을 보고 의아해 하는 모습, 어느새 나타나 그런 동생의 어깨를 짚어 안심시키는 세이타를 그려내는 부분은 분명히 환상입니다. 그럼에도 불구하고 이 긴 시작부분은 사실이 환상처럼, 환상이 사실처럼 그려지기 때문에 더할 나위 없이 슬프게 다가옵니다. 그래서 극에 제대로 몰입만 한다면 눈물이 찔끔 흐릅니다.

이 애니메이션은 우리나라에서 참 많은 논란을 불러일으켰습니다. 극에 제대로 몰입만 한다면 눈물이 찔끔 흐를 수밖에 없음에도 불구하고, "눈물 찔끔도 흘리지 않았다"는 영화평이 있을 정도로 말입니다.

슬픈 것을 보면 정말 눈물을 잘 흘리는 저였지만, 졸려서 하품한 것 빼고는 찔끔도 흘리지 않았습니다. 그래서 말하고자 하는 것이 뭐죠? 애니만 보고 있으면 미국은 나쁘고, 전쟁의 피해자는 일본이다?

세쓰코 참 복도 많더군요. 그 상황에 흰밥도 먹고 죽도 먹고 수박도 먹고 고기도 먹고 감도 먹고… 못 먹어 본 게 없던데요? 전 계속 그 시대의 우리나라 아이들을 생각했습니다. 도저히 조금도 눈물을 흘릴 수가 없더군요. 그것이 조상을 욕되는 거라고까지 생각이 들던데요. 그 시간대에 우리나라 아이들은 피죽도 못 먹어가며 핍박받으며 살았겠죠? (중략) 이런 애니를 아무것도 모르는 어린 아이들한테 보여줌으로써 어렸을 때부터 일본이 피해자라는 걸 각인이라도 시키려고 했나 본데요? 정말 짜증납니다. 작품성 이런 걸 다 떠나서 정말 불쾌하네요.

대개는 맥락을 제대로 읽지 못해서 주제를 이해하지 못하기도 하지만, 이렇게 숨은 의도에 집중해서 작가의 의도를 오해하기도 합니다. 그럼에도 불구하고 이런 평가들에 호응하는 리뷰가 많은 것을 보면 '그럴 수도 있겠구나' 하는 생각과 안타까움이 교차합니다.

미야자키 하야오와 쌍벽을 이룬다는 다카하타 이사오가 과연 일본을 피해자로 그려서 인정에 호소하려고 했을까요? 물론 전문가의 평에 따르면, 미야자키 감독이 보편적이고 꿈결 같은 판타지를 그려내는 것에 비해, 다카하타 감독은 매우 일본적인 정서를 표현해낸다고도 말합니다. 그래서 어쩌면 우리는 미야자키 감독의 애니메이션에는 몰입할 수 있으면서, 다카하타 감독의 이 애니메이션에는 쉽게 몰입할 수 없는 것일지도 모릅니다.

시카고 선타임즈의 로저 에버트는 "형태는 애니메이션이지만 압도적이고도 드라틱한 영화다. 이 영화를 〈쉰들러 리스트〉와 비교한 이유를 알겠다"며, "지금까지 제작된 가장 위대한 전쟁 영화 리스트에 속한다"고 극찬했다. …자신의 표현을 빌리자면, "애니메이션을 통해 리얼리티를 표출하는 것에 관심이 있다는 것." …배고픔에 지친 남매가 여전히 예쁜 동심을 간직하는 등 사실감이 잔뜩 묻어나는 장면이 보는 이의 가슴을 친다. 다카하다 이사오는 이 영화를 통해 일본영화 감독들이 번번이 실패했던, 세계 대전 당시 일본인들 삶을 설득력 있게 포착하는 데 성공했다는 평이다.

(홍성진, 영화해설 중에서)

이 애니메이션을 선정하면서 고민이 많았습니다. 우리나라 학부모들이 〈짱구는 못 말려〉를 나쁜 애니메이션으로 선정한 것과 같은 이유에서였습니다. 혹시 이 애니메이션을 보면서 우리 어린이들이 '일본은 피해자'라고 생각하면 안 될 거라고 생각했습니다. 하지만 이 애니메이션을 좀 더 자세히 보면, 일본인이 모두 피해자라고만은 생각할 수 없는 장치들이 있습니다. 생존이 이미 전쟁임을 터득한 어른들을 사실적으로 그려내는 것도 그 대표적인 사례입니다. 쌀 한 줌만큼의 동정도 아까워하는 어른들, 그 어른들이 강요했던 "우리 대일본 제국이 졌을 리가 없어요"라는 말을 그대로 내뱉어내는 세이타가 대조되는 것도 그렇습니다. 그러므로 세이타의 말에서 이미 주제가 드러난다는 말은 반은 맞고 반은 틀립니다. 세이타의 이 말에서 제국주의의 망령을 찾아낸다면 우리가 입은 정신적 외상이 너무도 깊은 탓이라고 할 수 있습니다.

　이 애니메이션은 원작은 1968년 나오키 문학상을 수상한 노사카 아키유키(野坂昭如)의 소설입니다. 이 소설의 서평 가운데 인상적인 구절을 소개하면 이렇습니다.

　　아이들은 지붕 없이 바람을 맞는 풀잎과 같다. 풀잎 위에 떠다니는 작고 예쁜 반딧불이는 아마 아이들의 작은 희망이었는지 모르겠다. …눈물은 때론 뜨겁기도 하고 차갑기도 했다. 반딧불이처럼 허무하게 생명을 잃은 세이타와 세쓰코를 떠올리면 울컥 하는 뜨거운 눈물이 솟았고, 그들과 같은 아이들이 지금도 지구 어딘가에서 죽어가고 있다는 생각을 하면 무기력한 차가운 눈물이 고였다.

　이쯤 되면 우리가 입은 정신적 외상은 잠시 접어두어도 될 것 같습니다. 세이타와 세쓰코는 일본인이 아니라, 전쟁의 비극을 온몸으로 겪어야 했던 다양한 국적의 모든 희생자, 그것도 무기력하고 해맑은 어린이가 될 테니까요.

　이런 생각을 바탕으로 해서 전쟁의 비극, 혁명과 정의, 인간성 회복을 위한 반성이라는 주제로 이 애니메이션에 대해 이야기해 보겠습니다.

전쟁은 왜 비극적인가?

우리나라 근현대사는 전쟁의 비극으로 얼룩져 있습니다. 산업혁명으로 자본주의를 싹 틔운 서구의 제국주의 세력이 동양으로 진출하던 시점에, 우리나라는 청나라와 일본, 그리고 러시아 사이에서 벌어진 전쟁터가 되었습니다. 그 과정에서 불행하게도 일본의 식민지가 되었고, 제2차 세계대전 때에는 대동아공영권(大東亞共榮圈)을 명분으로 내세운 일본 제국주의의 전초기지가 되었습니다. 어디 그뿐이겠습니까. 어렵사리 해방이 이루어졌지만, 곧이어 한겨레가 둘로 나뉘어 전쟁을 겪었습니다. 이후에도 우리는 냉전 시기의 긴장을 온몸으로 겪으면서, 아직도 분단된 조국에 살고 있습니다. 우리는 휴전 중이므로 아직 전쟁에서 벗어나지 못했습니다.

"저 묘지 위에서 우는 사람은 누구입니까/ 저 파괴된 건물에서 나오는 사람은 누구입니까/ 검은 바다에서 연기처럼 꺼진 것은 무엇입니까/ 인간의 내부에서 사멸된 것은 무엇입니까" 박인환 시인의 〈검은 신이여〉라는 시의 한 구절입니다. 시인은 파괴와 죽음을 불러온 전쟁을 검은 신이라고 부릅니다. 전쟁 때문에 인간은 인간다운 질서를 유지할 수 없게 되었습니다. 만일 신이 있다면, 그 신은 죽었습니다. 아니, 검은 신이 되어버렸습니다. 그래서 시인은 "슬픔 대신에 나에게 죽음을 주시오/ 인간을 대신하여 세상을 풍설로 뒤덮어주시오"라고 울부짖습니다. 그리고 창조를 끝낸 신이 휴식에 들어갔다는 일요일 하루가 전쟁 내내 지속되는 것으로 말합니다. 전쟁은 이렇게 참

혹합니다.

이렇게 참혹한 전쟁을 겪었기 때문에 새로운 가치가 발견되고, 과학이 진보되었다고 하는 사람도 있습니다. 인간의 역사를 크게 보면 그렇게 볼 수도 있겠지만, 그렇다고 해서 전쟁이 정당화될 수는 없습니다. 모든 일은 희생이 따르지 않느냐고, 그러니까 대의멸친(大義滅親), 큰 의로움을 위해서는 가족도 희생할 수 있어야 한다고 말하는 사람도 있습니다. 그런 사람에게 그게 당신 가족이라면, 아니 당신이라면 그렇게 말할 수 있느냐고 반박할 필요도 없습니다. 한 사람에게 있어서 자기는 우주 전체입니다. 도대체 사람이 뭐 그렇게 대단하냐고 되묻는다면, 임제선사가 그랬다는 것처럼 "야!" 하고 깜짝 놀라게 만드는 수밖에 없습니다.

《사기》〈손자·오기열전〉에는 연저지인(吮疽之仁)이라는 고사가 나옵니다.

오기(吳起)는 장군이 되고 나서도 가장 낮은 병졸처럼 입고 먹었다. 누울 때에도 자리를 깔지 않았고, 다닐 때에도 수레를 타지 않았다. 자기가 먹을 양식까지 직접 싸들고 다니며, 병졸들과 괴로움을 함께 했다. 병졸 가운데서 종기가 난 사람이 생기자, 오기가 입으로 그 고름을 빨아내었다. 그 병졸의 어머니가 그 소식을 듣고 통곡했다. 그래서 어떤 사람이 물었다. "당신 아들은 병졸인데도, 장군께서 직접 자기 입으로 그 고름을 빨아주었소. 그런데 어째서 통곡하는 거요?" 그러자 그 어머니가 이렇게 말했다. "그런 게 아닙니다. 지난해에도 오장군이 그 애 아비의 고름을 빨아주어서, 그 애 아비가 싸움터에 나가 돌아서지 않고 싸우다가 결국 적에게 죽었습니다. 오장군이 이번엔 저 아들놈의 고름까지 빨아주었으니, 저는 그 애가 언제 어디서 죽을는지 알 수 없게 되었습니다. 그래서 통곡하는 것입니다."

《사기》〈열전〉 권5, 〈손자·오기열전〉

연저지인(吮疽之仁)은 '종기를 빨아낸 인자함'이라는 뜻입니다. 하지만 이 고사에 따르면, 오기(吳起, B.C. 440~B.C. 381)의 인자함은 병사의 자발적 희생을 낳았습니다. '자발적'이었으므로 문제가 없지 않느냐고 되물을 수도 있습니다. 그걸 있는 그대로 보면 되지, 사람이 왜 그렇게 꼬여 있느냐고 물을 수도 있습니다. 하지만 오기는 살처구장(殺妻求將), 곧 아내를 죽여 장수 자리를 얻었다는 고사성어의 주인공입니다. 제나라와 싸우게 된 노나라의 임금이 제나라 출신의 아내를 얻은 자신을 의심하자 아내를 죽였다는 것입니다. 그리고 그는 어머니와 헤어질 때 자기의 팔을 물어뜯으면서 "제가 출세하기 전까지는 위나라로 돌아오지 않겠습니다"라고 했던 인물입니다. 그 뒤 증자(曾子, B.C. 506~B.C. 436)를 스승으로 모셨는데, 증자는 《효경孝經》의 저자로 알려진 인물입니다. 그런 증자를 모셨지만, 어머니가 죽었음에도 끝내 돌아가지 않을 정도로 비정했습니다.

어디 그뿐이겠습니까. 반란이 일어나 죽게 되었을 때도 모시던 도왕(悼王)의 시체 위에 엎드려서 정적들이 자신에게 활을 쏘고 칼로 찌르게 만들었습니다. 도왕의 아들이 임금으로 등극하자, 오기를 찌르면서 결과적으로 도왕의 시체를 훼손하게 만든 사람들의 삼족을 멸했습니다. 그때 멸문지화를 당한 사람이 일흔 남짓했다고 하니, 복수는 제대로 한 셈입니다. 이런 사람이니, 졸병의 종기를 빨아내었다는 것도 그 의도가 의심스럽습니다. 그래서 연저지인의 인(仁)은 가짜이므로, 그저 베푼다는 뜻의 혜(惠)로 바꾸어서 '연저지혜'라고 써야 한다고 말한 사람도 있습니다. 전쟁은 이렇게 의도되었건 아니건, 결과적으로는 사람들의 희생을 강요하는 것입니다.

춘추전국은 서양 근현대의 제국주의와는 조금 다릅니다. 춘추전국은 주(周)나라 문화를 공유하는 제후국가들 사이에서 주도권을 다툰 것을 말합니다. 그래서 진(秦)나라의 통일제국 건립도 보기에 따라서는 말 그대로 다툼과 전쟁의 종식이라고 할 수 있습니다. 이에 비해 서양 근현대의 제국주의는 자국의 이익을 위해 다른 문화권으로 팽창하려는 지독히도 이기적인 욕망을 바탕으로 한 것입니다. 하지만 그렇다고 해서 춘추전국의 전쟁 상황이나 진나라의 통일 전쟁이 면죄부를 받을 수 있는 것은 아닙니다. 그래서 춘추전국의 상황에서도 묵자(墨子)와 양주(楊朱)라는 반전주의자들이 등장했습니다.

묵자는 비공설(非攻說)로 유명한 인물입니다. 서양의 피타고라스학파와 참 많은 부분에서 닮아 있는 묵가(墨家)는 이 묵자에게서 나왔습니다. 묵자는 우리 모두가 하느님의 백성(天民)이므로, 설령 다른 제후국을 공격한다 하더라도 동족상잔에 불과하다고 말합니다. 그러면서 공격하는 것, 곧 전쟁을 일으키는 것 자체가 잘못이라고 말합니다. 이에 비해 양주는 극단적인 위아주의(爲我主義), 곧 요즘 말로는 극단적 이기주의자로 알려져 있습니다. 그는 "그렇게 해서 천하에 평화를 가져올 수 있다고 하더라도 내 털끝 하나도 희생시키지 않겠다"고 주장했습니다. 그런데 그가 한 말을 자세히 들여다보면, '나만 중요하다'는 뜻이 아니라, '우리 모두 정치가의 농간에 넘어가지 말자'는 뜻입니다.

이 두 사람이 살았던 춘추전국시대에도 그랬지만, 지금도 국가를 경영하는 정치인들은 국민들에게 늘 조금만 희생하라고 말합니다. 마치 우리의 희생이 있으면 모든 것이 다 잘될 듯이 말합니다. 물론 정치(政治)라고 하는 것이 서로의 권리가 충돌할 때 원만하게 조정하는 것이고, 그럴 때 각자의 권리가 어느 정도는 제한될 수밖에 없습니다. 하지만 딱 거기까지이지, 무조건적으로 희생하라든지, 희생한 결과가 국민에게 혜택으로 돌아오지 않는다든지 하면 이것은 '절 모르고 시주하는 꼴'입니다. 무의미한 희생이라는 말입니다.

전쟁이 무의미한 희생을 불러 온다는 것, 그리고 그것이 얼마나 잔혹한지를 이 애니메이션은 아주 사실적으로 담담하게 그려내고 있습니다. 거두절미하고 열네 살 먹은 오빠와 네 살 먹은 누이동생이 죽는다는 설정은 꼭 전쟁 상황이 아니더라도 언제든지 벌어질 수 있는 일입니다. 더구나 전쟁을 일으킨 일본인이라면 동정할 필요가 없다고 할 수도 있습니다. 그러나 과연 그런가요? 전쟁을 일으킨 일본이 피해자로 그려지는 데 비해서 전쟁을 종식시킨 미국이 가해자로 그려지는 것이 불편하다면, 그것도 또한 문제입니다. 전쟁에는 피해자만 있을 뿐이기 때문입니다.

반딧불의 묘 231

혁명은 정의로운가?

'전쟁에는 피해자만 있다'는 말이 불편한 사람들도 있을 것입니다. 심지어 그런 교묘한 말로 친일적 성향을 감추고 있는 것이 아닌지 의심하는 사람들도 있을 수 있습니다. 불필요한 이야기지만, 그런 의심 때문에 잠 못 이룰 분들에게 한 말씀 드리고 싶습니다. 친일파가 아니니, 괜히 마음 쓰시지 말라고 말입니다. 하지만 만일 세쓰코가 죽어가는 그때 그 자리에 있었다면 그를 위해 울었을 것입니다. 성인군자인 체하고 싶어서가 아니라, 아이를 키우는 아버지이기 때문입니다. 물론 아이를 키우다 보면 속상한 일도 많습니다. 그래서 가끔은 아이들을 지나치다 싶을 정도로 야단치기도 합니다. 그렇지만 '지나치다 싶을 정도로'라고 생각하는 것도, 그럼에도 불구하고 야단을 치는 것도 내가 아버지라는 사실을 증명합니다. 마찬가지로 죽어가는 네 살배기 소녀를 보고 우는 것도 내가 사람이라는 사실을 증명하는 것입니다.

"우리가 눈발이라면/ 허공에서 쭈빗쭈빗 흩날리는/ 진눈깨비는 되지 말자/ 세상이 바람 불고 춥고 어둡다 해도/ 사람이 사는 마을/ 가장 낮은 곳으로/ 따뜻한 함박눈이 되어 내리자" 안도현 시인의 〈우리가 눈발이라면〉이라는 시의 한 구절입니다. 시인은 가정법으로 노래를 시작합니다. 이 가정법은 우리가 더 이상 변명하지 않도록 원천봉쇄해버리는 효과를 가집니다. '우리가 사는 이 세상이 부정적이라고 하더라도'라고 말하는 것이기 때문입니다. 우리는 세상

탓을 하면서 '허공에서 쭈빗쭈빗 흩날리기만 할 뿐입니다. 그런 우리에게 시인은 다른 곳도 아닌 '사람이 사는 마을의 가장 낮은 곳'으로 내려와 따뜻하게 감싸 덮어주라고 말합니다. 그러게 말입니다. 왜 우리는 항상 세상 탓을 하는지, 왜 어디엔가 발을 붙이지 않고 떠다니기만 할까요.

"나쁜 사람들은 모두 벌을 받아야 하는 거잖아요. 왜 얼굴을 가려주는 거예요? 우리도 그 사람에게 해코지를 당할 수도 있잖아요. 그런데도 뉴스에서 얼굴을 가려주는 것은 잘못된 일이에요. 저렇게 하면 안 되지 않나요?" 민성이가 TV뉴스를 보다가 묻습니다. 법정에서 유죄가 확정되기 전까지는 그 죄를 저지른 것으로 의심만 받을 뿐, 아직 범인이라고 말할 수는 없습니다. 이걸 법률적인 용어로는 '무죄추정의 원칙'이라고 합니다. 이렇게 말을 해도 아이는 아직 이해하지 못합니다. 법률, 곧 우리들이 합의해서 정해놓은 규칙과 그 규칙에 따른 절차를 무시하는 것은 또 다른 범죄를 저지르는 것입니다. 세이타와 세쓰코를 전범으로 기소할 수는 없을뿐더러, 혹시 이 어린 것들이 전범이라고 해도 죽어가는 모습을 보면서 눈물 한 방울 찔끔거리지 못했다면 그것은 지나칩니다.

〈선계전 봉신연의〉에서 이야기했던 고사 하나를 다시 살펴봅시다 (이 책 60쪽 참조). 어느 날 제나라의 선왕이 은(殷)나라를 세운 탕왕(湯王)과 주(周)나라를 세운 무왕(武王)이 각자 자기가 모시던 임금인 걸왕(桀王)과 주왕(紂王)을 몰아낸 것이 아니냐고 묻습니다. 그러면서 신하가 임금을 죽인 것은 시해(弑害), 곧 반란이지 않느냐고 묻습니다. 그러자 맹자는 반란이 아니라 명분을 잃어버린 한갓 사내를 베어버린 것이라고 대답합니다. 평소 맹자는 '임금이 임금다워야 임금'이라는 명분론과 '정치는 백성을 위해 있는 것'이라는 위민(爲民)사상을 강조했습니다. 그런데 여기서는 명분론과 위민사상을 바탕으로 해서 역성혁명(易姓革命)을 정당화합니다.

물론 제나라 선왕이나 맹자의 이야기와는 달리 탕왕과 무왕이 직접 그 군주를 시해하지는 않았습니다. 억지를 쓰는 셈이지만, 탕왕은 걸왕을 남소(南巢)로 추방했고, 무왕이 목야(牧野)로 진격하자 주왕은 스스로 녹대(鹿臺)로 올라 불길에 뛰어들어 죽었습니다. 하지만 맹자는 주살(誅殺), 곧 베어 죽였다고 해서, 결과적으로 탕왕과 무왕이 주군을 시해했다는 사실(fact)은 인정합니다. 왜냐하면 백성을 돌보지 않는 임금은 임금이 아니기 때문이라는 명분이 있기 때문입니다.

맹자는 인(仁)을 해치는 자를 사악하다(賊)고 하고, 의(義)를 해치는 자를 흉악하다(殘)라고 합니다. 인(仁)은 사람다움이므로 사악한 사람은 사람다움을 포기한 것으로 보아야 합니다. 적(賊)의 본래 뜻은 도둑입니다. 잡범으로서 도둑은 사람의 소유물을 훔치는 데 그칩니다. 하지만 임금 자리에 있는 이가 인(仁)을 해치면 사람을 훔치는 큰 도둑입니다. 정치를 잘못하거나 전쟁을 일으키면, 가족이 화목하게 살 기회를 훔치고, 배울 기회를 훔치는 것이 되기 때문입니다. 그리고 원문의 주석에 따르면, 의(義)는 시험을 쳐서 우수한 사람이 합격하는 것이며, 폭력배를 미워하는 것이고, 침략자와 독재자에게 항거하는 것입니다. 이것을 해친다는 것은 참으로 흉악한 일입니다. 상식이 통하는 세상을 무너지게 하기 때문에, 이보다 더 잔인한 일은 없습니다. 그러므로 이런 짓을 하는 사람은 임금이라고 말할 수 없습니다.

하지만 여전히 고민스럽습니다. 상대가 잔적(殘賊)하므로 그것을 막아야 한다는 대의명분이 있으면, 모시던 임금을 쫓아내거나 죽이는 일을 해도 될까요? 이 질문에는 해결해야 할 것이 두 가지 있습니다. 첫째, 상대가 잔적하다는 것이 과연 사실인지를 알아야 합니다. 둘째, 사실이라고 해서 쫓아내거나 죽이는 일이 정당화될 수 있을까요? 〈양혜왕〉 편에서 맹자는 이 두 가지 대답을 뭉뚱그려서 내놓습니다. 그런데 〈이루〉 편 상(上)에서는 좀 더 자세히 대답합니다.

> 걸(桀)이나 주(紂)가 천하를 잃은 것은 그 백성을 잃은 것이며, 그 백성을 잃었다는 것은 그 마음을 잃은 것이다. 천하를 얻는 것에는 방법이 있다. 백성을 얻으면 천하를 얻는 것이다. 백성을 얻는 것에는 방법이 있다. 그 마음을 얻으면 백성을 얻을 것이다. 마음을 얻는 것에는 방법이 있다. 좋아하는 것을 백성들과 함께 모으고, 싫어하는 것을 베풀지 않는 것이다. …그러므로 연못으로 물고기를 몰아주는 것은 수달이고, 우거진 숲속으로 새를 몰아주는 것은 새매이고, 탕왕과 무왕에게 백성을 몰아주는 것은 걸과 주이다. 지금 천하의 임금들 가운데 인(仁)을 좋아하는 이가 있다면, 다른 임금들이 모두 그에게 백성을 몰아줄 것이다. 그러면 그는 바라지 않았다고 해도 어쩔 수 없이(不可得已) 왕(王)이 될 것이다.
>
> 《《맹자》 〈이루〉 상 9)

맹자는 여기서 '어쩔 수 없이'라는 말을 사용합니다. 브레이크가 고장 난 전차의 기관사가 정상적인 궤도에서 일하고 있는 다섯 명과, 비상 철로에 있는 한 명 가운데 어느 쪽을 희생시켜야 한다면 어느 쪽을 선택해야 정의인가요? 망망대해에서 식량이 떨어진 조난자 가운데 처자식을 둔 건강한 세 명이, 열병으로 죽어가는 소년을 잡아먹는 것은 정의인가요? 매복 중인 미군의 위치를 우연히 발견한 아프가니스탄의 염소치기를 미군의 안전을 위해 죽이는 게 정의인가요? 맹자의 주장에 따르면, 어느 쪽을 택하건 어쩔 수 없는 비극일 뿐이지 정의는 아닙니다. 왜냐하면 결론적으로 그런 선택을 하게끔 하는 것은 여러 가지 조건들이지만, 결과적으로 선택의 책임은 자기 자신에게 있기 때문입니다.

혁명은 정의롭지 않습니다. 명분은 다분히 주관적입니다. 이 시대를 사는 우리 모두가 그것에 동의하면 객관적이지 않느냐고 되물을 수도 있습니다. 하지만 노자와 장자가 유가에게 되물었던 것처럼 그것 또한 그 시대에만 적용될 수 있는 논리에 불과합니다. 그래서 '결국은 상대주의를 거쳐 회의주의로 나아갈 수밖에 없느냐?'라고 묻는다면 이렇게 대답할 수 있습니다. 우리 모두가 수긍할 수 있는 정의가 자발적으로 때때로 혁명을 선택하게 하지만, 맹자가 그랬던 것처럼 그 선택은 역사 속에서 지속적으로 평가될 것이라는 점을 잊지 말아야 한다고 말입니다.

인간성 회복을 위한 반성

동양철학의 핵심인 명분론을 이야기 할 때 항상 부담스러운 것 가운데 하나가 확신범(確信犯, aberzeugungsverbrechen) 문제입니다. 사전에서는 확신범을 '도덕적·종교적·정치적 의무 등의 확신이 결정적인 동기가 되어 행해진 범죄, 또는 그 범인'이라고 정의합니다. '임금이 임금답지 못할 때 그를 한갓 사내로 보아서 죽여도 되는가?'를 대답하면서도 마음이 불편한 이유도 여기에 있습니다. 곧 '나는 동양철학의 확신범인가?' 하는 생각이 들어서 마음이 불편합니다. 웃자고 하는 말이지만, 그런 불편함이 내가 확신범이 아니라는 반증이라고 생각하면 편합니다. 하지만 뒤이어 결국은 그렇게 변명하는 것에 불과하지 않나 하는 반문이 들어서, 다시 문제로 돌아가게 됩니다. 사실 '임금이 임금답지 못할 때'는 그나마 나은 편입니다. '아버지가 아버지답지 못할 때'는 고민스럽습니다. 내가 아버지를 아버지답다고 평가하는 일은 언제, 어떻게 가능하다는 말인가요?

동양철학의 전통에 따르면, 임금이 잘못했을 때와 부모가 잘못했을 때는 대처하는 방법이 다릅니다.

> 다른 사람의 신하가 되었을 때의 예(禮)는 (허물을) 드러내어 간(諫)하지 않는 것이다. 만일 세 번 간했는데도 듣지 않거든 달아나버린다. 자식이 부모를 섬길 때에는 세 번 간해서 듣지 않더라도 울부짖으면서 그대로 따라야 한다. (《예기》 〈곡례〉 하 35)

간(諫)은 웃어른이나 임금에게 옳지 못하거나 잘못된 일을 고치도록 말하는 것입니다. 그런데 왜 하필이면 세 번이라는 조건을 걸었을까요? 동양철학에서는 삼재(三才), 곧 우주에는 세 가지 근원이 있다고 생각했습니다. 하늘(天)・땅(地)・사람(人)이라는 삼재는 다양한 방식으로 해석됩니다. 그런데 이 경우에는 자신이 확신범인지 아닌지를 확인하는 과정으로 보아도 좋을 것 같습니다. 임금이나 부모가 잘못했다는 판단이 들 때, 하늘에게 묻고, 땅에게 물으며, 마지막으로는 자기 스스로에게 물어서, 그것이 옳은지를 판단하라는 것입니다. 그러므로 꼭 세 번이라는 숫자에 얽매일 필요는 없습니다.

그런데 임금과 신하의 관계는 의리(義理)를 바탕으로 두어야 하므로, 세 번 간했는데도 듣지 않으면 달아나도 그만입니다. 하지만 부모와 자식의 관계는 친(親), 곧 사랑에 바탕을 두고 있으므로, 세 번 간했는데도 듣지 않더라도 달아날 수 없습니다. 그래서 울부짖으면서 그대로 따른다는 것은 사랑에 호소하여 부모의 허물을 고치도록 하는 것입니다. 자식이 아파하는 모습만 보아도 부모는 가슴이 찢어집니다. 더구나 부모의 허물을 고치기를 간청하다가 울부짖으면서 따르는 모습을 본다면 오죽할까요. 하지만 이것과 다르게 볼 수 있는 고사도 있습니다.

증자(曾子)가 오이를 기르면서, 실수로 그 뿌리를 잘랐다. (증자의 아버지) 증석(曾晳)이 화를 내어서 큰 지팡이로 등을 후려갈겼다. 증자가 땅에 쓰러져 까무러쳤다. 잠시 후 깨어났는데, 기꺼이 일어나서

증석에게 가서 말했다. "돌이켜보니 제가 아버지께 죄를 지었는데, 아버지께서 힘으로 가르쳐주시니, 저는 아프지 않습니다." 그리고 돌아 나와서 방에 들어가 거문고를 타면서 노래를 불렀는데, 증석이 그 소리를 듣고 자기가 다치지 않았음을 알게 하려는 것이었다. 공자께서는 이 이야기를 듣고 화를 내시면서, 제자들에게 "증자가 오더라도 안으로 들이지 말라"고 말씀하셨다. 증자는 자신에게 죄가 없다고 생각해서, 공자에게 사람을 보내어 말씀을 청했다. 그러자 공자께서 말씀하셨다. "너는 이런 이야기를 듣지 못했느냐? 옛날 고수(瞽瞍)에게 순(舜)이라고 하는 아들이 있었다는 이야기 말이다. 순임금께서 고수를 섬길 때의 일이다. 일을 시키려고 찾을 때는 곁에 없었던 적이 없지만, 그를 죽이려고 찾을 때는 찾을 수 없게 하였다. 작은 회초리를 들면 맞으면서 견뎠지만, 큰 지팡이를 들면 도망쳤다. 그래서 고수는 아버지로서 저질러서는 안 될 죄를 범하지 않을 수 있었고, 순임금은 성실한 효를 잃지 않았던 것이다. 지금 너는 아버지를 모시면서 온몸을 던져 사나운 노기를 가만히 기다린 끝에 쓰러질 때까지 피하지 않았다. 쓰러져 죽기에 이르러, 정말 죽어버린다면 아버지를 의롭지 못한 데 빠지게 하는 것이니, 그 불효가 어찌 크지 않겠느냐? 너는 천자의 백성이 아니냐? 천자의 백성을 죽인다면 그 죄를 어떻게 하려고 그랬느냐?" 증자가 이 말을 전해 듣고 말했다. "제 죄가 큽니다." 그래서 곧 공자를 찾아뵈어 그 허물을 빌었다.

《공자가어孔子家語》〈육본六本〉9)

이 정도가 되면 어떻게 행동하는 게 올바른지를 알기는 아예 불가능할 것 같습니다. 《주역》 건괘(乾卦) 구삼(九三)의 효사는 "군자가 하루 종일 최선을 다하고도 저녁이 되어서 두려워하면 위태롭지만, 허물은 없다"입니다. 동양철학을 처음 공부할 때, 《논어》 〈이인〉 편에 나오는 "오직 사람다운 사람이야말로 사람을 좋아할 수 있고, 미워할 수 있다(唯仁者能好人, 能惡人)"는 말과 《주역》 건괘 구삼의 효사가 모순된다고 생각했던 일이 있습니다. '그렇다면 군자는 사람다운 사람이 아니라는 말인가?' 하는 생각이 들었기 때문입니다.

얼마 지나지 않아서 문득 이런 생각이 들었습니다. 군자는 꾸준한 공부와 수양을 통해 사람다움을 회복하려고 하고, 그러다 보니 사람다움을 이루어내게 된 사람입니다. 그런 군자라면 하루 종일 최선을 다할 것입니다. 하지만 그렇다고 해서 자신의 행동에 전혀 문제가 없다고 자신할 수 있을까요? 그렇게 자신한다면 아마도 그는 군자가 아니라 군자인 체하는 사람일 것입니다. 그러므로 "사람다운 사람이야말로 사람을 좋아할 수 있고 미워할 수 있지만, 그런 사람이라도 하루를 마치면서는 자기를 반성할 수밖에 없다"고 말할 수 있습니다.

오늘날 우리는 현대 사회가 인간을 소외시키고 있으며, 근대의 왜곡된 인간중심주의와 자본주의가 그런 결과를 낳았다고 진단합니다. 그래서 다양성을 인정하는 '인간성 회복'과 소통이 이루어져야 현대 사회의 문제를 해결할 수 있다고 생각합니다. 물론 맞는 말입니다. 그런데 그걸 어떻게 실천할 것인가는 공자 맹자 시대 이래로 내내 고민해왔던 문제입니다. 과거에 연연하여 시류(時流)를 명확하게 꿰뚫어보지 못하면, '시대착오적 교조주의(教條主義)'라는 함정에 빠집니다. 하지만 때로는 역사 이래로 우리가 늘 고민해왔고, 그래서 이미 해답이 주어진 문제인데도 전혀 다른 문제로 판단해서 새로운 대답을 찾으려는 헛수고를 할 때도 있습니다.

과거라고 하더라도 공과(功過)는 분명히 밝혀져야 하며, 과거의 잘못은 청산되어야 합니다. 더구나 그 잘못이 현재에도 되풀이되고 있다면 명백하게 드러내어 그 죄를 물어야 합니다. 그러면서 우리의 잘못을 경계해야 하는 것도 우리 몫입니다. 일본 제국주의가 지금도 일본의 극우주의자들에 의해 계속되는 것은 우리들 틈에 그런 것들을 묵인할 뿐 아니라, 적극적으로 찬동하는 사람들이 섞여 있기 때문입니다. 하지만 그렇다고 해서 처참할 정도로 사실적인 오누이의 희생을 들어서 자신들이 벌인 전쟁의 과오를 스스로에게 묻는 애니메이션에서까지 제국주의의 망령을 찾아낼 필요는 없지 않을까요.

10

우리가 거리로 내몬 사람들의 이야기

크리스마스에 기적을 만날 확률

원작 : 東京ゴッドファーザーズ(2003)
감독 : 곤 사토시

❖ 등장인물

하나 : 가족 없는 고아로 자라 게이바를 전전하다, 이제는 노숙자로 살아 가는 동성애자.

미유키 : 고양이 문제로 아버지를 찌르고 가출해, 노숙자들에게 얹혀살고 있는 여고생.

긴 : 오래전 술과 도박에 빠져 아내와 어린 딸을 버리고, 지금은 수십 년째 노숙중인 알코올중독자.

기요코 : 화려한 크리스마스 조명이 비치던 도쿄의 어두운 뒷골목 쓰레기장에서 출생증명서와 함께 버려진 아이.

스토리 라인

크리스마스 날, 출생증명서와 함께 버려진 아이를 노숙자들이 발견한다.

기적이 일어나는 크리스마스와는 전혀 어울릴 것 같지 않은 세 명의 홈리스, 바로 거리의 노숙자들. 동생애자 하나, 가출한 여고생 미유키, 알코올중독자 긴은 화려한 크리스마스 조명이 비추는 도쿄의 어두운 뒷골목 쓰레기장에서 유통기한이 지난 삼각김밥을 뒤지다가 아이의 울음소리를 듣게 된다. 출생증명서와 함께 버려진 아이 기요코는 그렇게 노숙자들에게 발견된다.

경찰서에 데려다주고 말자는 일행의 생각과는 다르게, 예쁜 딸을 가진 엄마가 되는 게 평생의 소원이었던 하나는 아이를 버린 엄마에게 찾아주자고 제안한다. 그렇게 해서 아이를 안고 온 이들의 삶터에서 어설픈 아기 돌봄이 이어지고, 아기 엄마를 찾아주기 위한 세 사람의 여정이 시작된다.

울고 있는 아기를 달래주면서 버렸던 아내와 딸에 대한 죄책감과 후회에 사로잡히는 긴 아저씨

하루하루 입에 풀칠하고 살기도 힘든 세 명의 노숙자에게 아기는 뜻밖의 존재로 다가온다. 세 사람은 아기를 통해 각자의 숨겨 놓은 아픔과 상처를 드러내기 시작한다.

오랫동안 버렸던 아내와 딸에 대한 죄책감과 후회의 감정으로 살아왔던 긴 아저씨는 이제는 스물한 살이 된 딸아이를 먼발치에서나마 보는 게 소원이었고, 사랑했던 남자가 어이없게 목욕탕에서 비누를 밟고 갑작스럽게 사망한 사건과 폭행사건 때문에 게이바를 나와 거리에서 노숙 중인 하나는 게이바의 식구들을 찾아가고 싶어 한다. 그리고 이들 노숙자에게 얹혀살고 있는 미유키는 아버지를 찌르고 집을 뛰쳐나왔으나, 이제는 아버지에게 용서를 구하고 집으로 돌아가고 싶어 하는 마음을 숨기고 살아가고 있었던 것이다.

아이의 어머니를 찾는 과정에서 긴 아저씨는 자신의 미래의 모습이나 마찬가지인 거리의 노숙자 노인의 쓸쓸한 죽음을 목격하고, 느닷없이 아

경찰서에 찾아가 자신을 버리고 싶다고 말하는 긴 아저씨

들뺄 되는 양아치들에게 흠씬 두들겨 맞고는 경찰서를 찾아간다. 물끄러미 경찰서 내부를 들여다보고 있자니 안에 있던 경찰관이 나와서 경계의 눈초리로 그에게 묻는다.

"무슨 일이죠."

"쓰레기 좀 버리고 싶은데요."

"그럼, 여기에 버리세요."

"저기…들어가지려나 모르겠네요. 나를 좀 버리고 싶은데…."

결국 수많은 우연과 여러 우여곡절 끝에 아기는 엄마의 품에 안기게 된다. 그리고 긴 아저씨는 꼬깃꼬깃 모아놓은 종자돈을 하나의 진료비로 보태게 되고, 바로 그 병원 응급실에서 간호사가 되어 있는 딸과 재회한다. 하나는 마음으로 항상 미안해하던 게이바의 식구들을 다시 찾아가 만날 수 있었으며, 미유키는 죄책감과 미안함으로 피해왔던 형사 아버지와 마주치게 된다. 이렇게 이들에게 크리스마스의 기적이 찾아온다.

세 노숙자, 동방박사가 되다

크리스마스는 기독교인이든 아니든 다들 선물을 주고받을 만큼 마음이 따뜻해지는 시절입니다. 그래서 그런지 이 애니메이션의 소개 글에도 '2007년, 가장 크리스마스다운 감동 애니메이션. 12월, 성큼 다가온 기적에 놀라지 마세요'라는 구절이 나옵니다. 그도 그럴 것이, 첫 장면부터 구유에 누운 아기 예수를 배경으로 해서, 다음과 같은 대사가 나오기 때문입니다.

"우리들은 동방에서 별을 보았습니다. 그 별은 신의 아들이 태어난 것을 가르쳐주었습니다."

이 대사를 읊는 등장인물은 이 성탄절 연극, 곧 성극에서 동방박사로 분한 세 아이 중 하나입니다. 원제가 '도쿄 갓파더즈(Tokyo Godfathers)'이니만큼 동방박사와 관련된 이야기라는 점을 이렇게 도입부에서 아예 드러내놓고 있습니다. 이 애니메이션은 이렇게 친절하다 못해 착하기까지 합니다. 우리 귀에 익은 '고요한 밤, 거룩한 밤'이라는 캐럴도 일본어로 불리지만, 전혀 낯설게 느껴지지 않을 정도로 말입니다. 그래서일까요? 한 포털사이트에는 '가족을 강요하는 영화'라는 제목으로 다음과 같은 비판적인 네티즌 리뷰가 올라와 있습니다.

> 솔직히 어색하잖아. 이 정도 그림체에 시나리오에, 그런데 문제는 어설프다는 거. 이런 상황이나 시스템을 한국인이 이해한다고? 거짓말도 정도껏~~ 가족이 해체되는 게 현대 사회의 문제라지만 화해의 메타포를 이렇게 제시하는 건 좀…. (중략) 일본 영화가 한국에서 왜 망하는지 아는가? 이런 말도 안 되는 우연성, 그리고 뭔가 그럴 듯한 결말을 강요하는 거짓말 때문이란 거지.

솔직히 말하면, 일본 애니메이션으로 동양철학의 주제들을 다루는 이 글을 쓰기 훨씬 전부터 한 번쯤은 공감해본 문제입니다. 지금까지 살펴본 것처럼 일본 애니메이션은 여러 가지 철학적 사유를 끌어낼 수 있는 텍스트로 손색이 없습니다. 하지만 작가나 감독이 그런 철학적 사유를 의도적으로, 그리고 체계적으로 정리해냈는가라고 물으면 대답은 '글쎄'라고 할 수밖에 없습니다. 어쩌면 독자들도 지금까지의 서술 내용을 읽으면서 한 번쯤은 이렇게 생각했을 수도 있습니다.

하지만 '비틀기', 곧 패러디만큼은 일본 애니메이션이 이름값을 합니다. 그것이 중국의 고대 신화든, 인도 불교의 정수든, 포스트모더니즘의 1차 문헌이든, 현대 자연과학의 최신 이론이든 일본 애니메이션으로 재구성되면 일단 하나의 주제의식 속에서 종합선물세트처럼 풍자됩니다. 점잖게 말하면 메타포(은유)이고 패러디(풍자)지만, 나쁘게 말하면 가능한 모든 요소들을 가벼운 문제의식 속에 뒤범벅으로 만든 표절입니다. 하지만 일본 애니메이션이 문화상품으로 호평 받는 이유는 그것이 나오기까지의 탄탄한 시스템 덕분입니다.

일본 애니메이션은 대개 원작이 있습니다. 판타지 소설이라든가, 우리말로는 만화책이라고 하는 코믹스 등이 독자들에게 호평을 받으면 OVA(Original Video Animation)나 TV시리즈로 나옵니다. 그리고 이것을 바탕으로 해서 극장용 장편 애니메이션이 만들어집니다. 물론 OVA는 본래 TV 방송이나 영화로 상영되지 않을 목적으로 만들어지지만, 〈카라스〉처럼 OVA를 편집해서 영화로 상영하는 경우도 있습니다. 이렇게 이미 독자들로부터 검증이 된 원작을 캐릭터 개발 및 스토리텔링 작업을 통해 재창조해내기 때문에 플롯 전개가 상대적으로 탄탄합니다.

그리고 빼놓을 수 없는 것은 메이지유신(明治維新, 1868~1889)을 거치면서 니시 아마네(西周, 1829~1897)를 비롯한 네덜란드 유학생 출신들이 서양 학문을 일본어로 번역 소개했다는 점입니다. 오늘날 우리가 사용하는 과학이라든가 철학이라든가 하는 용어는 물론 시간이나 공간과 같은 용어도 모두 니시 아마네가 일본어로 번역한 것입니다. 에도 시대(江戶時代, 1603~1867)부터 시작된 국가 주도의 번역은 물론 국가중심주의를 강화하기 위한 이데올로기적 도구로 변질된 결과를 낳았습니다. 하지만 거의 모든 문화 영역에 걸쳐서 고도로 세련된 번역을 이루어낼 수 있었던 것도 사실입니다. 일본 애니메이션은 이런 바탕에서 나온 것이므로 만만하게 볼 상대가 아닙니다.

2007년 12월 13일에 개봉된 이 애니메이션도 그렇습니다. 크리스마스 시기에 개봉하는 영화들이 대부분 그렇듯이 가슴 따뜻한 가족의 이야기를 다룹니다. 어떻게 비틀었건 그 결론은 가족의 화해에 따른 관계의 재정립이 됩니다. 도입부만 보아도 그런 예측에서 벗어나지 않을 뿐 아니라, 버려진 아이를 찾고, 잃어버렸다가 다시 되찾는 과정에서 그야말로 기적과 같은 우연이 계속 반복됩니다. 심지어는 마지막 장면조차 이 사건을 해결하는 형사가 자신을 찌르고 도망갔던 딸과 우연히 만나는 것으로 설정되어 있습니다. 이쯤 되면 '뭐 그렇고 그런 이야기지' 하는 생각이 듭니다. 그런데 과연 그럴까요?

'고요한 밤, 거룩한 밤'이 울려 퍼지는 첫 장면을 자세히 보죠. 크리스마스 전날의 예배는 한밤중에 시작합니다. 그래서 그럴까요? 성극을 펼치는 장면이 전환되어 객석을 잡는 순간, 그 무표정하고 삶에 찌든 인간 군상이 펼쳐집니다. 뭐 거기까지도 '으레 그렇겠거니' 하고 심드렁할 수 있습니다. 그런데 그 무표정한 관객들 틈에서 유달리 생기에 넘치는, 그래서 눈길이 딱 꽂히는 한 인물이 클로즈업됩니다. 단발머리에 모자를 푹 눌러쓰고, 빨간 립스틱이 선명한 입술을 한 하나라는 인물입니다. 그리고 곧 이어서 꾸벅꾸벅 졸다가 제풀에 소스

라치게 놀라면서 일어나 행사 순서표의 '성탄극-목사님 말씀-배식'이라고 쓴 글씨를 확인하는 긴이라는 인물이 클로즈업됩니다.

뒤이은 목사님의 말씀은 구구절절이 옳지만, '예수께서 말구유에 몸을 누인 것은 갈 곳 없는 인간들에게 마음의 안식을 가져오기 위해서'라면서 배식 시간을 지연시킵니다. 그러자 긴은 "잘도 말하는군"이라면서 투덜거립니다. 어쩌면 '갈 곳 없는 인간들에게는 마음의 안식이 아니라 배식이 더 급하다'는 듯이 말입니다. 이때 하나는 "조용히, 좀!"이라면서 긴을 노려봅니다. 이제 슬슬 느낌이 오기 시작합니다. 이후 배식 장소에서 벌어지는 짧은 이야기는 중요하지 않지만, 하나가 자신의 성 정체성을 여자로 생각하는 남자라는 친절한 정보를 줍니다. 그리고 다음 장면에는 건물 옥상에서 행인을 내려다보며 침을 뱉고, 그 숫자를 물방울 모양으로 표시하면서 시간을 보내는 가출 소녀 미유키가 클로즈업됩니다.

이렇게 해서 동방박사 역할을 할 세 사람이 모두 등장합니다. 풍자도 이 정도면 봐줄 만합니다. 요즘 말로 하면 이 '깨알 같은' 장치들이 이 애니메이션에는 때로는 사실적이지만 애니메이션에서만 가능한 우연으로, 때로는 담담하면서도 격렬하게 제 모습을 드러냅니다. 그래서 어쩌면 그야말로 원작에 누를 끼치는 일이겠지만, 고독하고 쓸쓸한 사람들과 다른 사람에게로 향하는 사랑, 그리고 내가 바라는 것을 다른 사람에게 먼저 해주기라는 주제로 이 애니메이션을 이야기해보겠습니다.

고독하고 쓸쓸한 사람들

1980년대 불렸던 민중가요에는 구전가요도 꽤 있습니다. 그중 하나가 '고아'라는 구전가요입니다. "날 때부터 고아는 아니었다. 내 죄 아닌 내 죄로 태어나 들풀처럼 버려진 이 한 목숨 가시밭길 헤치며 살았다. 상처뿐인 내 청춘 피눈물 장마. 아, 누구의 잘못입니까, 누구의 잘못인가요." 그때도 그랬지만, 다시 찾아 가사를 되뇌어보니 가슴을 절절하게 울립니다. 인생의 가장 큰 역설은 날 때부터 고아, 과부, 홀아비, 늙은이인 사람은 없다는 것입니다. 우리는 누군가에게서 태어나고, 그 누군가는 누군가를 만나 나를 태어나게끔 했습니다.

"제각각 자기 생각에 빠져 있으면서/ 그래도 조금이나 부자연한 곳이 없는/ 이 가족의 조화와 통일을/ 나는 무엇이라고 불러야 할 것이냐." 김수영 시인의 〈나의 가족〉이라는 시의 한 구절입니다. 시인은 자신이 생각하는 이상적인 것들을 "구차한 나의 머리에/ 성스러운 향수와 우주의 위대함을 담아주는 삽시간의 자극"이라고 말합니다. 그러면서 그런 '위대한 것'을 바라는 게 "유순한 가족들이 모여서/ 죄 없는 말을 주고받는/ 좁아도 좋고 넓어도 좋은 방안에서" 하지 말았어야 할 일이라고 고백합니다. 그리고 "이게 사랑이냐/ 낡아도 좋은 것은 사랑뿐이냐"라고 되묻습니다. 가족은 이렇습니다. 아니 이래야 됩니다.

공자는 춘추전국시대를 주나라의 인문주의가 무너진 시대로 진단했습니다. 그리고 그 원인과 해법을 가족, 곧 인륜질서에서 찾았습니다. 그래서 국가를 경영하는 데 필수적인 법(法)은 물론, 드러난 형식으로서의 예(禮)조차도 무조건 강조하지 않았습니다. 예(禮)의 바탕에 올바른 가치 판단이 없다면, 그것은 형식에 불과합니다. 《논어》〈자로子路〉편에는 공자의 이런 생각을 잘 보여주는 사건이 소개되어 있습니다.

> 섭공(葉公)이 공자께 말했다. "우리나라에는 정직하게 행동하는 자가 있는데, 아버지가 양을 훔치자 아들이 증언을 했습니다." 공자께서 말씀하셨다. "우리나라의 정직한 자는 이와 다릅니다. 아버지가 자식을 숨기고 자식이 아버지를 숨기니, 정직함은 그 가운데 있는 것입니다."
>
> (《논어》〈자로〉 18)

여기에 등장하는 섭공은 심제량(沈諸梁)이라는 사람입니다. 어느 날 그가 자로에게 "당신 스승은 어떤 사람인가?"라고 물었는데, 자로가 불쾌해서 대답하지 않았다고 합니다. 이 얘기를 들은 공자는 "한 번 책을 들면 먹는 것도 잊고, 이치를 깨달으면 마냥 즐거워서 늙는 줄도 모르는 노인네라고 하지 그랬느냐?"라고 했다고 합니다. 《논어》〈술이述而〉편의 이 이야기에 대해서 주자는 "섭공은 대부인 주제에 스스로를 공(公)이라고 불렀던 인물로, 묻지 말아야 할 것을 물었기 때문에 자로가 대답하지 않은 것이다"라고 설명했습니다. 이 설명만 보아도 그 인간됨을 알 수 있겠지만, 그는 섭공호룡(葉公好龍)이라는 고사로도 유명합니다.

중국 전한시대의 학자인 유향(劉向, B.C. 77?~B.C. 6)이 쓴 《신서新序》 〈잡서雜事〉에 따르면, 섭공 자고(子高)는 자나 깨나 용을 좋아했다고 합니다. 어느 정도냐 하면 집안 물건마다 용을 그려 넣을 정도였다고 합니다. 이 소식이 하늘에 사는 용에게 전해지자, 용은 그렇게 좋아한다면 자신의 모습을 한 번 보여주어야 하겠다고 생각했습니다. 그래서 섭공의 집으로 내려왔는데, 섭공이 용을 보자마자 새파랗게 질려 모든 것을 내팽개치고 도망갔다고 합니다. 그래서 실제로 그렇지 않으면서도 그런 척하는 경우를 가리켜 '섭공호룡'이라고 합니다.

사람됨이 이 모양이니, 공자에게 한 말은 아마도 "우리나라는 정치가 잘 이루어지고 있소" 정도로 이해할 수 있겠습니다. 사족을 붙이자면, '그러니 당신 같은 사람은 필요 없소'가 될 것입니다. 그런데 공자는 마치 인정에 호소하는 오류를 범하는 듯한 대답을 합니다. 왜 그럴까요? 자식이 아비를 고발하고, 아비가 자식을 고발하는 일은 인륜을 벗어난 일입니다. 그런 일이 실제로 벌어졌다면, 인륜을 벗어던질 정도로 경제 사정이 어렵거나, 정치가 가혹하다는 말입니다. 만일 경제 사정이 넉넉하고, 정치가 잘 이루어지는 데도 그렇다면, 그것은 제대로 가르치지를 않아서 그런 것입니다.

가정의 해체라든지, 복지 포퓰리즘이라든지, 교권 추락이라든지 하는 말들이 유행합니다. 섭공의 말을 빌려 말하면, 오늘날 우리나라만큼 법치가 잘 이루어지는 곳도 드뭅니다. 스마트폰이 대중화된 만큼 사건의 현장에는 언제나 동영상이 촬영되고, 그것이 신고로 이어집니다. 그것도 공권력이 아닌, 미디어 쪽으로 말입니다. 그래서 그

다음에는 네티즌 수사대가 출동하고, 그 결과로 '피의자'는 신상이 모두 '까발려져서' 사회적 살인을 당합니다. 그런데 그렇게 해서 과연 우리는 좋은 세상에 살고 있을까요?

제(齊)나라 선왕(宣王)이 "천자(天子)가 제후와 만나는 장소인 명당(明堂)을 헐어버리자는 여론이 있는데, 어떻게 하면 좋겠느냐"고 맹자에게 물었습니다. 맹자는 "왕도정치를 하려면 권위를 세워야 하기 때문에 관리 비용이 들더라도 그것은 그대로 두는 것이 좋겠다"고 말했습니다. 그러면서 단서를 붙입니다.

> 옛날 문왕(文王)이 기(岐) 땅을 다스릴 때에는 경작자에게 9분의 1을 과세하였고, 벼슬을 한 사람에게는 대대로 그 녹(祿)을 주었으며, 관문(關門)과 시장에서는 사정을 헤아리기는 했지만 세금을 거두지 않았습니다. 물을 막아 고기를 잡는 기구인 양(梁)을 금하지 않았으며, 죄를 지은 사람을 처벌하더라도 그 죄가 자식에게까지는 미치지 않았습니다. 늙어 아내 없는 이를 홀아비[鰥], 늙어 남편이 없는 이를 과부[寡], 늙어 자식이 없는 이를 외로운 사람[獨], 어리고 아비 없는 이를 고아[孤]라고 합니다. 이 네 부류의 사람들은 천하에 궁벽한 백성들로서 의지할 데가 없는 사람들입니다. 문왕께서 정사(政事)를 펴고 인(仁)을 베푸실 때는 반드시 이 네 부류의 사람들에게 먼저 하셨습니다. 《시경》에서는 "부자들은 괜찮지만, 이 외롭고 고독한 사람들이 가엾다"라고 했습니다. 　　　　　　　　　(《맹자》〈양혜왕〉 하 5)

인용문에 등장하는 이야기는 모두 민생(民生) 문제입니다. 오늘날 정치인들도 선거철이 되면 빼놓지 않고 이 이야기를 합니다. 그런데 맹자는 정사를 펼 때 환과고독(鰥寡獨孤), 곧 홀아비와 과부, 무의탁 노인, 고아를 우선적으로 생각해야 한다고 말합니다. 그렇다고 해서 부자가 대한민국 국민이 아니라는 말은 아닙니다. 다만 서민(庶民), 그 가운데서도 소외계층의 문제가 절실하고 시급하다는 말을 하고 싶은 겁니다. 우리 정치인들도 이렇게 말은 합니다. 하지만 정작 세상이 돌아가는 것을 보면, 섭공호룡하는 게 아닌가 하는 생각이 듭니다.

이 애니메이션에서는 동방박사 세 사람을 세 명의 노숙자로 설정하고 있습니다. 그래서 할리우드 영화나 일본 애니메이션 특유의 진부함을 벗어던지고 무서우리만큼 담담하게 사실적으로 현실을 그려낼 수 있었습니다. 여기에는 영웅도, 가족애도, 친미도 등장하지 않습니다. 형사인 아버지를 찌르고 거리로 도망친 가출 소녀, 여자가 되어서 아이를 낳고 싶은 접대부 출신의 남자, 아내와 딸이 죽었다고 하면서 걸핏하면 강한 척 화를 내지만 결국은 가족 부양을 포기하고 집을 나온 중년 남자, 이 셋은 어쩌면 우리가 거리로 내몬 사람들입니다.

다른 사람에게로 향하는 사랑

사람은 혼자 살 수 없습니다. 그래서 관계를 맺고 삽니다. 그런데 이 평범한 진리를 우리를 가끔 잊고 삽니다. 은둔형 외톨이라도 혼자 사는 것은 아닙니다. 집 안에 틀어박혀 살더라도 누군가와는 관계를 맺습니다. 다만 눈을 마주치지 못하든가, 대화하는 것을 꺼리는 것일 뿐, 부모든 인터넷의 대화 상대든 누군가와는 관계를 맺습니다. 설령 혼자 산다고 생각하는 누군가가 있다고 하더라도 그것은 착각입니다. 태어날 때도, 죽을 때도 혼자라는 것은 누군가에게 자신의 책임을 떠넘기려는 유혹에서 벗어나야 한다는 선언이지, 말 그대로 유아독존(唯我獨尊)을 뜻하는 것은 아닙니다.

"실제로 누구나/ 혼자이지 않은 사람은 없다/ 지금 사랑에 빠져 있거나 설령/ 심지 굳은 누군가 함께 있다 해도 다 허상일 뿐/ 완전한 반려란 없다." 김재진 시인의 〈누구나 혼자이지 않은 사람은 없다〉라는 시의 한 구절입니다. 시인의 말은 '이 시대 마지막 서정시인'이라는 평가에 어울리지 않게 비장합니다. 그런데 이 시는 이렇게 시작합니다. "믿었던 사람의 등을 보거나/ 사랑하는 이의 무관심에 다친 마음 펴지지 않을 때/ 섭섭함 버리고 이 말을 생각해보라." 그래 그렇습니다. 완전한 반려, 곧 관계가 있다는 기대가 꺾였을 때, 그래서 도망하고 싶을 때 '혼자'라는 사실을 곱씹어보라는 뜻입니다.

속된 말로 우리는 '제 잘난 맛'에 삽니다. 그래서 그럴까요? 열린 관계라든지 소통이라든지 하는 요즘 이야기도 뒤집어보면 지독하게도 주관적입니다. 소통을 강조하는 사람이 빠지기 쉬운 오류 가운데 하나가 '왜, 나는 이런데, 저 사람은 저런가'입니다. 정말 소통하고 있다면 '왜 나만'이라고 생각하지 않습니다. 일방적인 관계는 없습니다. 내가 상대에게 열어주지 않는다고 투정하는 바로 그 순간 나는 닫혀 있습니다. 그래서 뭐 어쩌라고요? 김재진 시인의 말을 빌리면, "숭숭 구멍 뚫린 천장을 통해 바라뵈는 밤하늘 같은/ 투명한 슬픔 같은/ 혼자만의 시간에 길들라."

"억울해, 도형이가 먼저 때렸어요. 억울해. 그래서 하지 말라고 계속 이야기 했는데, 도형이가 말을 안 들어서 어쩔 수 없이 때린 거예요." 애들은 으레 이렇습니다. 자기가 한 일은 생각하지 않고, 상대에게 그 책임을 떠넘깁니다. 물론 누가 먼저 시작했느냐는 중요합니다. 하지만 누가 먼저 시작했느냐 하는 문제만큼 중요한 것은 그래서 어떻게 대처했느냐입니다. 형이라면 동생이 한 대 때렸어도, 하지 말라고 했는데도 계속 장난을 건다고 해도, 형답게 대처해야 합니다. 왜냐하면 상대가 동생이기 때문입니다. 칭찬은 고래도 춤추게 한다지만, 이럴 땐 혼을 내야 합니다. 그런데 그렇다고 해서 형만 꾸짖으면 안 됩니다. 형답지 못한 대처를 꾸짖고, 동생답지 못한 행위를 꾸짖어야 합니다. 그래서 사는 게 어렵습니다.

공자는 사람답게 사는 걸 '인(仁)'이라고 말했습니다. 인(仁)은 어질다는 뜻입니다. 그런데 동양철학을 전공한 사람들은 인(仁)을 '어질다'로 번역하지 않고, '사람답다'로 번역합니다. 왜 그럴까요? 공자는 이렇게 말했습니다.

인(仁)이라고 하는 것은 자기가 서려고 하면 남도 세워주고, 자기가 뛰어나려고 하면 남을 뛰어나게 해야 한다. 이렇게 가까운 데서 비유로 삼는다면(能近取譬), 인(仁)을 구하는 방법이라고 할 수 있다.

《논어》〈옹야〉 28)

'가까운 데서 비유로 삼는다'는 의미는 다른 사람을 자기에 빗대어 생각하라는 것, 곧 다른 사람도 자기와 동일한 사람으로 생각하라는 것으로 이해할 수 있습니다. 우리는 때때로 자기와 관계 맺고 사는 이들을 우리와 같은 사람이라고 생각하지 않습니다. '왜, 나는 이런데, 저 사람은 저런가'라고 생각하는 순간, 이야기는 '나만 사람이다'로 바뀝니다. 상대도 사람이라는 걸, 그리고 나처럼 어떤 이유가 있어서 그렇게 행동할 것이라고 이해한다면, 소통이나 관계를 새삼스럽게 강조할 필요가 없습니다. 그래서 인(仁)은 '나만 사람이다'에 바탕을 두고 상대에게 자애롭게 마음을 여는 미덕이 아닙니다. 오히려 '우리는 사람이다'라는 생각을 바탕으로 해서, 상대를 적극적으로 수용하는 '사람다움의 조건'으로 보아야 합니다.

그런데 이 사람다움의 조건에는 두 가지 면이 있습니다. 《논어》〈이인里仁〉 편에는 공자가 증자에게 "내 도(道)는 한 가지로 꿰뚫었다"고 하고, 증자가 다른 제자들에게 "선생님의 도는 충서(忠恕)일 뿐이다"라고 풀이했다는 기사가 나옵니다. 증자는 공자의 도(道)가 사람다움을 뜻하는 인(仁)이라고 보고, 이것을 다시 충(忠)과 서(恕)라는 말로 풀이한 것입니다.

하나로 꿰뚫었다고 하는데, 이것을 충(忠)과 서(恕)로 나눈 이유는 무엇일까요? 증자는 이 점에 대해 명확하게 밝히지 않았습니다. 훗날

송대 유학자들이 '자기를 온전히 발휘하는 것(盡己)'을 충(忠), '자기로 미루어보는 것(推己)'를 서(恕)라고 설명하기는 했습니다. 이 설명을 자세히 보면 자기(己)라는 공통점이 있지만, 그 방법에 있어서는 진(盡)과 추(推) 두 가지가 구분됩니다.

하나로 관통했다고 할 때의 그 도(道)와 마주하는 것은 그 누구도 아닌 온전한 자기 혼자입니다. 그래서 제멋대로 해도 된다는 것이 아니라, 그만큼 무거운 책임감을 느껴야 한다는 것입니다. 이제 그 자기는 두 가지로 분열됩니다. 하나는 온전히 자기와 마주서는 자기이고, 다른 하나는 상대의 입장에서 마주서는 자기입니다. 자기와 마주서는 자기는 극복되어야 하는 대상입니다. 윤리적 잣대를 들이대야 하고, 좀 더 잘하라고 원망하면서 채찍질해야 하는 자기인 셈입니다. 이때는 다른 사람이 등장할 필요가 없습니다. 이렇게 해서 자기를 온전히 발휘했을 때, 비로소 관계 맺을 수 있는 첫 번째 요건이 갖추어집니다. 이제는 상대의 입장에서 자기를 이해해야 합니다.

관계는 상대를 전제로 합니다. 상대도 자기와 같은 욕망과 생각을 가진 사람으로 인정할 때 제대로 된 관계를 맺을 수 있습니다. 더 나아가서는 상대의 입장에서 나를 바라보고, 상대의 입장을 이해해야 합니다. 결국 자기를 극복의 대상, 상대의 관점에서 보는 대상으로 여긴다는 점, 그러면서 자기를 극복하는 주체, 상대의 관점을 우선적으로 고려해야 하는 주체라는 점에서 공자의 도(道)는 하나이면서 동시에 둘이 될 수 있습니다.

인(仁)이란 다른 사람에게 향하는 사랑(嚮人之愛)이다. 아들은 아버지를 향하고, 아우는 형을 향하고, 신하는 군왕을 향하고, 목민관은 백성을 향해야 하는데, 이렇게 사람과 사람이 서로를 향해서 부드러운 사랑을 주는 것을 인(仁)이라고 한다.

(정약용, 《논어고금주》 권3)

정약용은 인(仁)을 좀 더 적극적으로 이해합니다. 사람다움은 누군가를 전제로 해서 그를 향해 구체적으로 실천해 나가야 하는 것입니다. 애니메이션에 등장하는 세 노숙자가 동방박사가 될 수 있었던 것은 버려진 아이 기요코를 크리스마스의 선물로 받았기 때문입니다. 그들은 그전에 자기 속에 꽁꽁 감추어진 인물들이었습니다. 하지만 기요코를 만나면서 긴은 자신이 버리고 온 딸을, 하나는 자기가 낳고 싶었던 딸을, 미유키는 아버지의 딸인 자기를 만나 마주서게 됩니다. 그리고 자기연민에서 벗어나 객관적으로 자기를 이해하게 됩니다. 애니메이션은 여기서 한 걸음 더 나아갑니다. 남편을 붙들어두기 위해서 남의 아이인 기요코를 유괴했던 부인을 향해 이 셋은 자신이 이해한 진실을 들려줍니다. 사랑이 자기를 향하고 있으면, 공허한 자기연민에 불과하다고 말입니다. 이게 크리스마스의 기적입니다.

내가 바라는 것을 다른 사람에게 먼저 해주기

대동(大同)이라는 말은 낯설지 않지만, 그것이 무슨 뜻인지를 말하기는 쉽지 않습니다. 대동사회, 대동단결, 이런 말들을 들으면 왠지 전체주의를 강요하는 게 아닌가 하는 의심부터 듭니다. 그래서 '케케묵은 옛날이야기지'하는 생각이 듭니다. 사실 공자가 말한 인륜질서의 회복도 정치조직과 가족제도가 결합되고, 종교와 정치가 결합된 종법제도(宗法制度) 아래에서만 가능한 이야기이기도 합니다. 그래서 개인주의와 인간중심주의를 바탕으로 한 오늘날의 서구식 민주주의에서는 통용될 수 없다고 생각하는 것도 어쩌면 당연한 일이라고 하겠습니다. 하지만 오늘날 우리가 관계와 소통을 중시하는 것을 보면 꼭 그렇지만도 않습니다.

서구식 민주주의에 따르면 우리는 각자 권리와 의무의 주체입니다. 그런데 우리들 각자는 관계 속에 놓여 있습니다. 어쩌면 우리들보다도 이 관계가 먼저 있었다고 할 만큼 말입니다. 그러므로 우리들은 관계 속에서 부여받은 자신의 역할에 따라 주어진 권리와 의무를 실현할 수밖에 없습니다. 이렇게 본다면 자신의 권리와 의무를 실현한다는 것도 결국 개별성을 극복해서 사회성을 얻는다는 말이 됩니다. 예컨대 이러저러한 이유로 병역의무를 이행하고 싶어도, 법률에서 정한 시기에 정해진 조건을 갖추지 못하면 국가로부터 거절당할 수밖에 없습니다. '의무를 실현하는 데도 조건이 필요하다니 말이 되는 소리냐'고 묻겠지만, 사실은 그렇습니다. 그래서 역설적이지만 서구식 민주주의도 사실은 동양 전통과 연결됩니다.

동양 전통에서는 개인을 개인으로만 보지 않습니다. 개인은 관계 속에서 사회성을 얻는 문화적인 몸, 유기체인 나(己)입니다. 이렇게 보면 종법제도도 단순한 신분 질서는 아닙니다. 도덕적 행위를 해야 하는 이론적 바탕이 됩니다. 물론 주자(朱子)는 의무론의 바탕인 종법제도를 내가 있기 이전에 이미 주어진 것으로 판단합니다. 이렇게 보면 개인은 사회에서 정해진 의무를 이행해야 할 의무를 가진 존재에 불과합니다. 그런데 정약용은 여기서 한 걸음 더 나아갑니다. 그는 내가 있기 이전에 내가 해야 할 의무가 미리 주어지는 것은 아니라고 말합니다. 내가 해야 할 일은 내가 어떤 관계 속에 들어 와 있을 때 비로소 정해지는 것입니다. 그래서 《대학》에 나오는 명덕(明德)을 주자는 형이상학적인 천리(天理)라고 풀이하지만, 정약용은 구체적인 실천덕목인 효제자(孝悌慈)라고 풀이합니다.

> 밝은 덕이 효제자(孝悌慈)라고 한다면 친민(親民)도 신민(新民)은 아니다. 순임금께서 계(契)에게 명령했다. "백성이 친애하지 않으니 너는 다섯 가르침(五敎)을 펴도록 하라." 오교(五敎)란 효(孝)·제(悌)·자(慈)인 것이다. …밝은 덕을 밝힌다는 것은 인륜을 밝힌다는 것이고, 친민(親民)이라는 것은 백성들을 친애한다는 것이다. …백성들에게 효(孝)를 가르치면 백성들의 아들 된 자는 그의 어버이를 친애한다. 백성들에게 제(悌)를 가르치면 백성들의 아우 된 자는 그의 형을 친애하고, 백성들의 어린 사람들은 그들의 어른을 친애한다. 백성들에

게 자(慈)를 가르치면 백성들의 아버지가 된 자들은 그들의 아들을 친애하고, 백성들의 어른 된 자들은 그들의 어린 사람을 친애하는 것이다. 그러니 태학(太學)의 도가 어떻게 친민(親民)에 있지 않겠는가? (정약용, 《대학공의》 권1)

《대학》은 태학(太學)이라고도 불리는데, 정치인이 될 유학자들이 배워야 하는 경서입니다. 정약용은 인간이 도덕성을 닦아야 하는 주체라는 점을 인정합니다. 그런데 《대학》에서 말하는 인간은 관계를 전제로 합니다. 하지만 정치가라고 하더라도 제멋대로 백성을 새롭게 만들어낼 수는 없습니다. 혹시 이렇게 생각한다면 그 정치인은 독선적인 독재자가 될 수밖에 없습니다. 그래서 정약용은 백성들을 친하게 여기는 것, 더 나아가서 그 모범을 보고 백성들이 서로 친하게 하는 것을 강조합니다. 이런 생각은 정치를 펴나가는 핵심이 노인을 노인으로 대하는 것(老老), 어른을 어른으로 대하는 것(長長), 외로운 사람을 불쌍히 여기는 것(恤孤)에 있다는 주장으로 이어집니다.

인간을 다스리는 것은 인간을 이해하는 것을 전제로 합니다. 그래서 자기를 다스리는 출발점은 인간으로서 자신을 이해하는 것입니다. 앞서 말했던 충(忠)과 서(恕)가 인간다움의 조건인 이유도 바로 여기에 있습니다. 백성의 어버이와 어른, 그리고 부모 잃은 어린이를 각각 어버이로 섬기고, 어른으로 대접하고, 불쌍히 여기는 것은 고단한 삶 속에 있는 백성의 몫이 아니라, 정치인의 몫입니다. 정치인들이 먼저 모범을 보이면, 백성들은 그것을 따라 서로 친해집니다. 서로 친하게 지내라고 말하면서 자기는 그런 사람들과는 전혀 다른 부류라고 생각할 때, 원망과 변명이 많아지는 것은 당연한 일입니다. 다들 알고 있듯이 정약용은 아주 많은 책을 썼습니다. 그런데 그중에서 가슴에 와 닿는 구절 가운데 하나를 손꼽으라면 이렇습니다.

> 사람이 이 세상에 나서 땅에 떨어진 처음부터 관 뚜껑을 덮는 날까지 함께하는 이는 사람뿐이다. …이들은 모두 나처럼 머리는 둥글고 발은 모나며, 하늘을 이고 땅을 밟고 살아가는 이들이다. 그리고 모두 나와 더불어 서로를 필요로 하고 서로 도와주며, 만나고 관계를 맺으며, 서로 바로 잡고 살아가는 이들이다. …우리의 도(道)는 무엇을 하자는 것일까? 바로 이 관계를 잘하자는 것일 뿐이다.
>
> (정약용, 《논어고금주》 권6)

정약용이 관계에 주목하는 것은 그것이 인간의 조건이기도 하지만, 우리가 생각하는 이상을 실천할 수 있는 구체적인 현장이기 때문입니다. 그런데 이 실천에는 두 가지가 있습니다. 용서(容恕)와 추서(推恕)가 그것입니다. 정약용에 따르면, 추서는 자기를 닦는 것을 주로 하여 자기의 선(善)을 적극적으로 실천하는 것입니다. 그에 비해 용서란 다른 사람과의 관계에 있어서 남의 잘못을 관대하게 보아주는 것입니다. 쉽게 말하면 추서는 내가 바라는 것을 다른 사람에게 먼저 해주는 것이고, 용서는 다른 사람이 내게 하지 말아야 할 것을 행했더라도 참아내고 수용하는 것입니다. 그러므로 용서보다는 추서가 한 단계 높은 차원이라고 할 수 있습니다.

앞서 살펴보았듯이 이 애니메이션의 주인공들은 노숙자들입니다. 노숙자들이기만 한 것이 아니라 다들 정신적 외상(트라우마)을 가진 사람들입니다. 그리고 이 애니메이션은 여성주의 영화라고 해도 좋을 만큼 여성이나, 여성이기를 원하는 남자들, 심지어는 여장을 한 외국인까지 등장합니다. 물론 아기예수를 연상시키는 기요코도 여자아이입니다. 우리 곁에는 있지만 우리가 언제 한 번 눈길 제대로 주지 않은 사람들입니다. 그런데 이 사람들은 기요코를 만나면서, 자신들을 노숙자가 아닌 사람으로 인식하게 됩니다. 그리고 버림받았을 것이라고 생각하는 기요코의 부모를 찾아나서는 과정에서 자신이 버린 가족과 재회합니다.

우리말 제목에 등장하는 '기적'은 이 사람들이 기요코의 부모를 찾는 과정에서 얻은 횡재나 가족과의 재회가 아닙니다. 기적은 이기적일 수밖에 없고 실제로도 이기적이었던 이 세 사람이 자기 탓을 하면서 상대를 먼저 생각할 수 있게 되었다는 것입니다. 이것이 추서의 진정한 실천이고, 결국은 모두가 꼭 같지는 않지만 조화를 이룬다는 이상향 대동(大同)의 실현입니다. 아마도 이런 세상에서라면 복지 포퓰리즘이라는 말이 나오지는 않을 것입니다.